教師甄試——
教育政策關鍵報告

陳　瑄　著

高效學習—其實這樣努力就夠

教師甄試——「教育政策」關鍵報告

（適用教師檢定考試）

作者序

讀書之，在循序漸進，熟讀而精思。（朱熹）

教師甄試中「教育綜合科目」科目，包含教育學術領域學門的相關知識，其範圍甚廣。基本上，可分為「基礎理論」與「教育實務」兩大範疇。

在基礎理論部分包括：「教育史、教育哲學、教育社會學與教育心理學」等四大理論基礎。而教育實務部分，包含「教育行政與政策、學校行政、各級各類學制、課程與教學與教育改革與教育法規」等。

關鍵報告系列書籍之架構著重教育實務部分，以國民中小學學校制度為主，包含教育行政理論、學校行政、各級各類學制與相關教育改革政策與教育法規。

本書之呈現方式以當前重要教育改革方向及教育政策介紹為主，並輔以教育政策理論作為理解教育政策決策過程之工具。本書中呈現教育政策之全文，並於各教育政策之後，整理其重要觀點，可提供欲報考教師甄試之教師，在最短時間內對此一領域作充足準備，輕鬆應試。並精選歷年各縣市重要試題於每篇章之末，讓所有讀者能同時理解題目出處及相關試題之關聯，藉以瞭解教師甄試之考試趨向與命題重點。

　　個人從事教育工作多年，期以本書協助各位有志於教育服務行列之教師，在準備教師甄試歷程中，方向準確、高效學習，任憑考題變化，各位皆能輕鬆以對、事半功倍，出師必勝。

☆歡迎讀者透過電子郵件交流意見：educationbook@gamil.com

每個人都希望能在職場裏拔尖而出，但是準備要有績效，
不能只是靠埋首苦讀，更要懂得用方法，
不要讓花費的時間白白溜過，更不要忽視那些造成挫折的經驗，
從中分析探尋挫折背後的原因，走向成功的下一步指引就在其中，
其實，這樣努力就夠。
認真敬業，讓幸運找上你～～

陳瑄

高效學習—其實這樣努力就夠

教師甄試──「教育政策」關鍵報告

（適用教師檢定考試）

教學目標如下：

一、知識與理解：

　　１．理解教育政策理論的基本概念。

　　２．知曉目前教育政策之相關內容。

二、分析：

　　１．探析教育政策試題之焦點。

　　２．呈現各種教育政策之命題趨勢。

三、綜合與應用：

　　　　綜合所學概念並透過試題練習，做為參加教師學校甄選準備。

目次

最新教師甄試的考試訊息

一、教師檢定考試

　　教師資格取得有重大變革，92 年開始進入師範校院或修習教育學程、教育學分的學生，畢業後必須通過教師資格檢定考試，才能拿到教師證書，前往中小學應聘。

　　首屆中小學及幼稚園教師資格檢定考於 94 年 4 月 9 日舉行，中小學及幼稚園教師資格檢定考試於 94 年 4 月 9 日舉行，考區共分為臺北、臺中、高雄及花蓮四個考區，教育部中教司長李然堯表示，新的師資培育法已經於 92 年修正公布，未來師範校院或修習教育學程、教育學分班的學生，必須在修畢師資培育課程後外加半年實習及格，才能畢業，畢業後並須參加教師資格檢定考試通過，才能取得教師證，具備中小學及幼稚園教師資格。

　　這是我國師資培育制度首度改以專業證照考試檢定方式取得教師資格，打破長期以來只要實習及格就可獲頒教師證書的慣例。為因應新制的實施，教育部決定委託國立教育研究院籌備處組成命題委員會，研擬「教師資格檢定考試命題總則」及各科命題原則。

　　根據命題總則草案，教師檢定考試分為幼稚園、特殊學校、國小及中等學校等四類科，各類科應考兩科共同科目、兩科專業科目。

　　草案並規定，除「國語文能力測驗」因為要考作文，考試時間較長，為一百分鐘，其他科目均考八十分鐘；考試題型包括測驗題及非測驗題兩大類，並由各科試題研發委員會訂定各科命題內容及題型比例。

其中,「國語文能力測驗」選擇題與作文的配分比例為七比三,「教育原理與制度」選擇題及問答題比例為六比四。

官方強調,政府不會限制每年教師資格檢定通過的名額或比例,考不過的人可以一考再考,預計每年辦理一次,參加各校或各縣市舉辦的教師甄試,應聘至學校教書。

二、不具合格教師資格者,最快自九十六學年起,將不能再擔任代理代課教師

為提升中小學教育品質,且為消化流浪教師,教育部研議修訂「中小學兼任代課及代理教師聘任辦法」,要求代理代課教師須具備合格教師資格,不僅估計國內上萬名代理代課教師必須取得合格教師資格,未來學校需要代理代課教師,也須優先聘用合格教師。

依據「中小學兼任代課及代理教師聘任辦法」,代理代課教師原則上須具備合格教師資格、取得大學教育學程證書等,但為顧及部分學校聘請教師可能有困難,法規同時開放,只要高中職以上畢業、曾有三個月至一年不等代課經驗者,或是經偏遠、離島、特殊地區學校專案申請的大學以上畢業生,也可成為學校代理代課教師,因此不時傳出教學良莠不齊問題。

三、95 學年聯甄大變革 台北市國小教甄初試只考選擇題,複試加考作文

〔記者胡世澤/臺北報導〕2006/2/8

臺北市 95 學年國小聯合教師甄選將有重大變革,往年的初試採選擇題和申論題,今年一律考選擇題,報名費從 800 元降為 700 元,第二階段複試除了試教和口試外,還加考作文,報名費也加收 300 元,預估報名人數多達 1 萬 5000 人。

一律採網路報名,教育局國教科長施博惠表示,為節省考

生現場報名等候時間，考生一律網路報名，再依電腦通知的網路報名流水號及預定時間順序，至指定地點現場繳驗證件完成報名手續，未完成網路報名者，不得辦理現場繳驗證件。

施博惠表示，今年教師甄選仍分兩階段進行，6 月上旬先舉行筆試，考國語文及教育專業兩科，其中英語、體育、資訊等科目，教育專業類科占 40%，該類科專門知能占 60%。他指出，去年有 9772 名考生報考筆試，由於國語文含選擇題及作文、教育專業含選擇題及申論題，導致大學教授閱卷評分時，必須連夜趕工改考卷，大喊工作吃不消，因此今年考題形式一律採選擇題，考生須用 2B 鉛筆作答。

筆試成績不併入複試成績計算，僅作為初試錄取門檻，初試從原錄取缺額的 3 倍增為 4 倍，複試時間訂於 6 月中旬，包括作文、口試及教學演示，作文占 20%，口試及教學演示合計占 80%，系統管理師則加考電腦實務操作。

施博惠表示，受到少子化效應的影響，今年國小將減少班級數，估計教師缺額不到 100 人，另因北市是全台第一個舉辦教師聯合甄選的縣市，9000 多名重考生加上今年應屆畢業生，估計今年報名人數將多達 1 萬 5000 人。

四、提升師資素質 教部推 4 年 40 億

教育部確定從 2006 年起，4 年期間將投入 40 億元，推動「師資培育素質提升方案」，其中包括不適任教師的淘汰機制、教師換證及提高高中以下教師學歷及增加教師在職進修等。

1．教育部規劃，未來將修改教師法，檢討不適任教師的淘汰制度，依過去中教司的規劃，即有可能與教師評鑑掛鉤，在未來加強不適任教師的淘汰機制。

2．教育部也積極規劃教師換證，將在 96 年底之前組成「教師

進階專案小組」，研擬教師換證事宜，但何時正式上路，尚無規劃。

3．為了加強教師進修，教育部也要求師培大學開設教師進修課程，提供現職教師有進修管道。另外，為了提高教師學歷，教育部計畫擴大辦理教學專業碩士制度，逐年提高中小學教師碩士學歷比例。

1	AB C	按照現行師資培育法的規定，師資職前教育課程包括：A.普通科目　B.教育專業科目　C.專門科目　D.教育實習（複選題）
2	AB C	中等教育學程負責培養下列哪些師資？A.綜合高中國中部　B.完全中學高中部　C.高級職業學校附設普通類科　　D.啟智學校國中部（複選題）
3	AB CD	擔任中小學教師需要經過那些程序？A.修畢教育學程課程及專門科目學分　B.畢業後參加一年教育實習　C.參加教師資格檢定　D.各校教師評審委員會審查通過後由校長聘任（複選題）（本題適用於民國 95 年前之試題）

是非題：

| 4 | ✕ | 根據師資培育法，師資培育課程包括普通科目及教育專業科目。 |

公立高級中等以下學校教師甄選

作業要點

93 年 1 月 13 日台人（一）字第 0930000757 號函訂定

94 年 4 月 18 日台人（一）字第 0940042331 號函修正第 3、9 點

一、為落實教師法第十一條、教育人員任用條例第二十六條第
　　一項第一款及高級中等以下學校教師評審委員會設置辦法
　　（以下簡稱本辦法）之規定，以公平、公正、公開之原則
　　辦理教師甄選，特訂定本要點。

二、各級學校暨具獨立編制之附設進修學校，教師職務出缺，
　　除依規定分發、介聘或列入超額精簡、因應課程調整保留
　　名額及依主管教育行政機關規定可保留名額外，其餘缺額
　　應依規定辦理公開甄選。

　　　　代理代課教師必要時得併專任教師甄選辦理。

三、各校辦理教師甄選，若經教師評審委員會（以下簡稱教評
　　會）決議成立甄選委員會，其組織及作業規定，由教評會
　　定之。

　　　　前項教師甄選得以筆試、口試、試教、實作方式辦理，
　　以二種以上方式綜合考評為原則，並由教評會或甄選委員
　　會視需要決議推薦筆試、口試、試教、實作委員，密送校
　　長或由其指定專人擇聘之，其中得包括校外委員。

四、教評會委員、甄選委員會委員及筆試、口試、試教、實作
　　委員應確實保密，其本人或配偶、前配偶、四親等內之血
　　親或三親等內之姻親或曾有此關係者報名應試，應依本辦
　　法第八條規定迴避之。

前項委員係校內報名參加甄選之實習教師之實習輔導教師或與報名參加甄選者曾有師生、同學關係者,均屬應行迴避之情形,不得擔任命題、評分工作。

第一項委員辦理甄選試務程序中,除基於職務上之必要外,不得與參加甄選者或代表其利益之人為行政程序外之接觸。

五、各校訂定甄選簡章,內容應包括:甄選類科、名額、甄選資格、報名日期、地點及程序、甄選時間、地點及方式、成績配分比例、甄試科目及範圍、錄取總成績計算及相同時之處理方式、成績通知方式、成績複查期限及方式、榜示日期及方式、報名費、申訴電話專線、信箱及附則等。

前項名額如有備取名額,以補足當次缺額為限。

六、各校辦理教師甄選,應擬訂甄選簡章提交教評會審查。

有關命題、製(印)卷、協助工作人員均應設法隔離作業,或比照典試法及其施行細則之規定,採入闈之方式處理。

七、各校甄選簡章及職缺等有關教師甄試之資訊,應於學校及主管教育行政機關網站公告,並視需要刊登於新聞紙;公告開始至報名截止期間不得少於五日(含例假日)。

八、各校依第三點第二項辦理教師甄選時,各項委員宜避免重複,並應建立明確之評分基準與紀錄。口試、試教、實作採分組方式辦理者,同類科委員分派之試場於考試前半小時抽籤決定。

口試、試教之評分設最高、最低標準分數,高於最高標準、低於最低標準或評分有變更時,評分委員應敘明理由,並簽名負責。

九、各校應將最終甄選成績書面通知應試者,採取二階段甄選

時，應明列各階段各項成績、總成績及錄取標準等。

　　筆試採測驗題題型者，應於筆試後二日內公告試題及答案。

十、各校保存教師甄選作業有關資料，應參考檔案中央主管機關訂定之機關檔案保存年限區分參考表之規定辦理。

十一、主管教育行政機關應督導所屬學校辦理教師甄選，經發現違失且查明屬實者，應請改正，並議處有關人員或移送法辦。

十二、主管教育行政機關接受各級學校教評會委託辦理之教師聯合甄試，得準用本要點之規定辦理。

十三、為提升教師甄選作業成效，各級主管教育行政機關應為所屬學校教評會委員及其他與教師甄選作業相關人員辦理講習活動，並適時提供相關法規訊息。

主題一：教育政策理論

　　任何教育政策之推動，所牽涉之因素極為複雜。然教育政策之推動，若非基於科學準則下產生，恐難以服眾。因此論及教育政策時，需顧及其意義、目的與執行等層面之意涵，方能掌握當前教育政策之施政重點。

一、教育政策之意義

1 ·邱祖賢（民 85）指出，係指教育行政當局針對社會需求問題及未來發展趨勢，依據國家教育宗旨與相關法規，確立工作目標，規範可行方案及實施要領與時程，經由法定程序公布施行，以行政部門或教育機構行動之準則。

2 ·張建成（民 88）亦從社會學的觀點來說明，指出教育政策可說是社會環境與教育制度相互對話的產物。因教育制度是發生萌芽於整個社會環境互動中。

3 ·綜合來說，教育政策的意義涵蓋：

　　（1）教育政策是公共政策的一環，其目的在解決教育問題。

　　（2）教育政策在教育情境中產生與運作。

　　（3）教育政策是政府作為和不作為的活動。

　　（4）教育政策的推動目的在受教主體可以滿足教育的需求。

　　（5）教育政策的最終旨意在達成教育目標。

4 ·政策規劃的八大步驟：（吳政達）

步驟	內　容	用　途	方　法
1	描述與認定問題	政策問題的建構	類別分析法 概念構圖法（描述與認定教育問題）
2	建構備選方案	政策問題的建構	政策德菲法（歸納意見導向） 模糊德菲法
3	設定篩選方案的標準	決策	層級分析法
4	預測分析結果	決策	
5	蒐集證據	決策	
6	處理取捨問題	決策	
7	做出決定	決策	
8	政策呈現	決策	

二、影響我國教育政策制定之因素

　　從政府組織機關之外的觀點來論述政策制定過程的影響因素，包括利益團體、學術研究單位、媒體、選舉與政黨、民意等。

（一）政府外部之參與者

1．利益團體的支持：利益團體是政府之外對決策過程最有影響力者。

　　（1）利益團體包括商業與工業團體、專業團體、勞動團體、公共利益團體與政府遊說團體。

　　（2）而利益團體的壓力對於政府施政有一定的影響力，他們不但有正面的促進成立，也會有負面的反抗。

　　（3）利益團體的論點通常是以自己的利益為利益，但政府

施政不會只考慮他們的利益，還有許多因素是政策決
策過程必須列入考慮的。

（4）國內教育政策的利益團體如教師會、民間教改組織、
教科書出版商而言。

① 教師會為了爭取教師更多福利或權益，積極運作教師
法之通過或爭取私校教師退休權益等。

② 民間教改組織：主婦聯盟教育委員會、人本教育基金
會等組織，積極爭取家長參與學校事務。

③ 教科書出版商透過立法委員，向教育部施壓爭取教科
書開放為審定本。

2・學術研究單位：學術研究單位受政府部門之委託，從事教
育政策研究，而其結果提供政策制定者參考。學者對於議
題的選擇方式影響大於議題設定本身。造成的影響有長期
與短期兩種：

（1）就長期而言，學術研究潛化政策決策者的教育理念；

（2）就短期而言，當決策者支持的方向與學術研究的結果
是相符的，則學術研究成為政策的保證書。

3・媒體：媒體的議題設定功能會影響民意。若一項教育政策
要獲得國民之認同，如透過媒體善意之宣導，那更能事半
功倍。

4・政黨競爭的催化：政黨會透過政治舞台與國會成員的運作
來影響政策議題。如「教育基本法」之立法過程，即包括
了三個黨派之不同版本，在立法院遊說。

5・民意：民意可以促進議題的形成，但對於議題的決策方向
的影響力並不大。民意的影響力畢竟意見太分歧了，且教
育政策議題並不是全面性，受關注的層面仍是有限。

（二）政府內部之因素

1・立法委員的主動介入：國會一方面是人們代表的地方及媒介公共焦點的對象，另一方面也可能產出許多不同的議題，及一些利益團體的角力場。包括「舉行聽證會、介紹法案及演說、資訊的多重混合」。

2・教育部長及文官人員：被認定是專家、奉獻於法案中之具體化人員、擁有絕對的權力。其「專業的意見」，可運用在處理利益團體中與國會的政治環境中或政府可能改變的計畫中。

由此可知，影響教育政策制定因素不但是多層面且是複雜的。彼此基於利益考量而透過權力運作以影響政策之制定。

三、教育政策的制定原則

1・公正原則
2・連續原則
3・分配原則
4・解決迫切的教育問題
5・符合教育自主原則
6・弱勢者受到最大的保障原則

四、教育政策制定的模式

探討不同教育政策制定的模式，旨在讓我們了解政策產生的方式，以說明此政策的決策過程及可能的互動形式。

1・綜合理性模式：

（1）意義：教育政策制定是依完整的綜合性資訊，客觀的分析判斷，針對許多備選方案、進行優缺點評估、排

定優先順位、估計成本效益、預測可能發生之影響，
再經比較分析後，選擇最為可行的方案。

(2) 適用時機「要追求最有大效率之政策」。

2 · 菁英模式：

(1) 意義：其特徵在於教育政策是由社會上少數菁英人
員，整合大眾意見而制定。而這菁英份子教育程度、
社會地位或經濟收入，明顯優於一般民眾，進而對教
育政策產生相當之影響力，因其能控制較多的資源。

(2) 適用時機「時間急迫，而必須做大幅度之修正」。

3 · 團體模式：

(1) 意義：強調教育政策制定係團體競爭後所達成的均
衡，而這取決於團體的相對影響力，任何團體間的相
對影響力，一旦發生變化，教育政策即可能隨之改變。

(2) 適用時機「要廣納眾人之意見」，可採行團體模式或
修正模式。

4 · 系統模式：

意義：將教育政策視為教育系統的輸出。教育政策的
制定乃是教育的政治與行政系統受到外在環境壓力時，而
這功能能是為社會作權威性的價值分配，而這分配所構成的
就是教育政策。

5 · 漸進模式：

(1) 意義：教育政策的制定強調政策的形成，莫不是依過
去的經驗，對既有政策作小幅的、個別的、累增的修
正而漸進變遷的過程。教育政策基於已有的基礎上，
稍加修正，而決策過程以既有合法性政策為主要的考
量依據。

(2) 適用時機「當只需做小幅修正」，即可採漸進模式。

6 ・起源模式：

　　（1）意義：關注於議題的設計與選擇。

　　（2）適用時機：通常適用於基於任何的觀點、無限的後退
　　　　追溯來源及沒有領導者時。

7 ・垃圾桶模式：

　　（1）意義：包括目標不明確、方法的不明確及流動的參與
　　　　者。Cohen、March 和 Olsen（1972）指出，關於教育
　　　　行政單位做決定的過程，他們稱作「無政府狀態組
　　　　織」。垃圾桶模式認為在「無政府狀態組織」中，不
　　　　同參與者對於問題的不同界定及所提出的不同解決方
　　　　式，集結在一垃圾桶中，而問題解決之道，取決於政
　　　　策制定成員將問題與解決方式配對的結果。

　　（2）適用時機「當政策目標不明確或參與決策者是流動
　　　　的」，可採用垃圾桶模式。

8 ・修正模式：

　　政府組織之議題設定有三個影響因素：「問題、政策及政治」。
人們了解問題，形成公共政策變遷計畫，更投入政治性選舉與壓
力團體中。而國會成員常常在選舉與形成計畫間不斷奔波。學術
和研究也常涉入形成政策計畫，政治利益團體亦不斷形成其計畫。

9 ・各種政策理論模式之採用時機：

　　（1）如限於時間之急迫，而必須做大幅度之修正，可採菁
　　　　英模式。

　　（2）相反的只需做小幅修正，可採漸進模式。

　　（3）要追求最有大效率之政策，可採行綜合理性模式。

　　（4）要廣納眾人之意見，可採行團體模式或修正模式。

　　（5）當政策目標不明確或參與決策者是流動的，可採用垃
　　　　圾桶模式。

　　若將教育政策制定看做是高度與政治相關之議題，那其所考慮的層面也將更為廣泛，包括：環境不同利益團體、社會大眾、民意代表、政府官員及致不同政黨間之觀點，因而其採用之模式也更加複雜。

五、教育政策制定的過程

（一）張芳全：教育政策制定過程

　　包括「建構問題、議程設定、政策形成、政策採取、政策執行及政策評估」。（張芳全，教育問題探究－政策取向，民89）其中，教育政策規劃步驟：

1．蒐集客觀資料。

2．整理及分析資料。

3．教育政策系統分析：資料與教育政策規劃應有以下關聯性

　（1）提供教育政策規劃的基礎。

　（2）它提供教育政策規劃與否的可能。

　（3）他提供教育政策的檢證的可能。

　（4）它與教育政策規劃間形成一種反向的關係。

4．教育政策作書面報告：教育政策規劃書應該要說明之內容：

　（1）教育政策需求。

　（2）教育政策可行性。

　（3）教育政策協調。

　（4）教育政策執行後的效果。

　（5）教育政策的影響。

5．教育政策審議：教育審議的優點

　（1）提高教育政策品質。

（2）提高教育政策可行性。

（3）先行處理、預防教育政策未來所可能面臨的問題。

（4）讓教育政策有調整及修正的機會。

（5）讓教育政策的反效果和非預期性的效果出現機會更低。

（6）讓教育政策的問題可以事先的來加以預防。

（7）檢討行政部門間在審議時可能發生的衝突及困擾。

6・跨行政部門審議。

（二）學者張鈿富（民85）指出政策制定的過程

包括：議題的設定、政策的形成、政策的採行、政策的執行與政策的評估等階段。

（三）綜合來說，政策制定的過程

1・建構問題：

（1）教育問題由輿論、行政首長指示、教育政策規劃者的問題建構、專家學者的教育研究，將可能的教育問題提出。而教育問題是社會問題之一部分並非單獨存在，不但與其他問題相關聯，而且是鑲嵌在整個問題形成和擴散的複雜體制環境中。

（2）魏鏞（民75）指出，我國教育政策問題來源包括：「1.立法委員提出之質詢和法案。2.監察院對教育行政機關所提意見。3.行政院會之決定及院長指示事項。4.行政院頒訂之年度施政方針與計畫。5.執政黨之重要決議事項。6.輿情的反應。7.學者專家的建議與研究成果。8.各級民意機關所提出之意見。9.民意調查所反應出之意見10.人民的請願、陳情或抗議等」。

2・議程設定：（含政策論述）

政策分析及教育行政人員將問題提出及分派到議程中，通

常是在官方所討論的白皮書、政策備忘錄等書面報告中。但是所有教育問題並不一定都在議程之中，有些問題在延長問題建構之後（如，可能當時並沒有足夠的資源進行分析），再納入議程及被陳述。

(1) 討論政策問題之建構和內涵，對問題獲致本質上的了解。

(2) 分析政策論述的意涵、型式構成要件及影響論述之因素。

(3) 探討議程設定的有限性與政策壟斷的形成：即在過程中政策論述扮演什麼角色。

(4) 藉由提出一些建造理想的論述空間的做法和努力方向勾勒出政策論述的未來藍圖。

3．政策形成（政策規劃）：

　教育行政人員作成教育的決策並籌謀解決教育問題。

(1) 教育行政人員及政策執行者形成政策，來處理問題，其中的過程是經過科學及主觀的討論，形成共識提出具體的方案。

(2) 我國教育政策規劃的種類可分為如下（朱志宏，民80）：

「1.例行的規劃：針對一已在政策議程中之問題做反覆的、近似一致的規劃。2.類推的規劃：遵循著過去解決類似問題的途徑，以對應新問題的處理。3.創新規劃：以嶄新的、富創意的方式，不受固有之束縛，謀求問題的解決」。

4．政策採用（政策的合法化）：

　當教育政策經過「合法化」過程，教育政策就可與資源合法化進行配置。政策合法化過程是教育政策採取前置作業。

5．政策執行：

　　　　教育政策在合法化後，必然有一定的組織及單位教育
　　政策落實，就如一項的教育法案通過，相關單位就應執行。
　　又如一項教育計畫，在經費及人員配置下，教育政策才可
　　執行。

6・政策評估：

　　　政府應評估政策在一段期程之後評估其人力與資源的效率
　　及成本與風險，同時應該針對政策在未來若要延續時所可能遭
　　遇的問題。

六、補充說明：政策論述

　　　政策論述係指演說者將其理念和訊息，以一種清晰可辨且
　　組織完整的方式，傳達給聆聽者的溝通過程。在對政策方案的
　　陳述與推銷，政策主張的合理化，強化政策論證的說服力。並
　　由分析論述的指涉、形式、構成要件及影響，以了解論述的本
　　質、功能、類型及自變項。

七、我國教育政策制定的檢討

1・教育政策制定缺乏統整性：政策問題分析深度不足，以致
　　政策聲明過於草率。與機關間的本位主義問題有很大的相
　　關。

2・教育政策制定沒有連貫性：政策方案的研擬缺乏科際整合
　　的基礎。

3・教育政策的執行缺乏共識：教育政策的研擬當中，容易受
　　制於黨派的意氣之爭，教育政策的溝通情境有待加強，政
　　策執行呈現一種「上熱下冷」的狀態。

4・教育政策缺乏替代方案。政策轉換過程外界並不清楚，也

　　未廣納不同團體的意見，以致於理論和實際間有差距。

5．國家級教育資料庫，長期資料追蹤的資料尚且不足。

八、教育政策制定之建議

1．應注重自由化、民主化及多元化環境的影響。

2．宜多鼓勵不同教育相關團體之關注。

3．應多舉辦政策公聽會，使政策的研訂更周延。

4．應多藉重學術參照團體的專業意見，給予學者更多彈性時
　　間，以蒐集相關資料或從事教育政策相關之研究。

5．教育行政機關對於教育相關議題應主動關注。

6．教育政策制定不應存有威權心態，作決定實應多參考不同
　　意見，以避免過於專斷。

7．應進行長期縱貫性的研究。

8．採取整合的研究途徑。

9．加強基層單位的政策執行研究。

10．推展以學校為中心的政策執行研究。

主題二：官方教育政策

　　每年教師甄試考試均會以國內重要之教育政策作為命題方向，本書彙集近年來重要之教育政策內容，於各項政策之後，輔以內容重點整理及歷屆試題作為學習指引。

壹、教育部中程施政計畫（九十一至九十四年度）

貳、2005-2008 年教育施政主軸

參、九年一貫課程修訂原則

肆、九年一貫課程綱要

伍、九年一貫課程與教學深耕計畫

陸、幼托整合方案、幼稚園課程標準

柒、教育改革行動方案

捌、教學訓導、輔導三合一整合實驗方案

玖、九十四年度學生訓輔【友善校園】工作辦理原則

拾、發展「小班教學精神」計畫

拾壹、人權教育實施方案

拾貳、學齡前幼兒英語教育政策說帖

拾參、國民中小學組織再造及人力規劃方案（草案）

拾肆、高中職社區化

拾伍、綠色學校

拾陸、十二年國民教育

壹、教育部中程施政計畫（九十一至九十四年度）

計畫大綱

一、環境情勢分析與優先發展課題	（一）環境情勢分析	（二）優先發展課題
二、現有計畫執行成效與資源分配檢討	（一）現有策略、計畫執行成效	（二）資源分配檢討
三、策略績效目標與衡量指標	（一）策略績效目標	（二）衡量指標
四、計畫內容摘要	（一）策略績效目標一之實施計畫	（二）策略績效目標二之實施計畫
	（三）策略績效目標三之實施計畫	（四）策略績效目標四之實施計畫
	（五）策略績效目標五之實施計畫	（六）策略績效目標六之實施計畫

資料來源：教育部

計畫內容摘要

一、策略績效目標一之實施計畫
——調整現行學制，因應 e 世紀時代之需求

（一）推動綜合高中及高中職社區化方案：
本計畫主要實施內容如下：

1. 推動綜合高中，推廣綜合高中兼具選修各類課程及輔導學生學習發展的機制與精神，建構以學生適性學習為主的學習環境。
2. 推動高中職社區化，結合高中職、大專院校等社區教育資源，以綜合高中開設課程及輔導學生適性學習的精神，共同規劃發展課程、師資等教育特色，以「補助學生、獎助學校」為原則，促使建構多元特殊、實用導向、綜合性向的社區適性學習系統。此外，本計畫整合高中職及綜合高中課程綱要、提供教師進修轉型輔導方案、學校轉銜學習機制，提供學生多元選擇空間及適性教育機會。

（二）發放幼兒教育券實施方案

1. 本方案自八十九學年度起實施，發放對象為全國滿五足歲並實際就讀於已立案私立幼稚園（托兒所）之幼兒，每人每年一萬元，分兩學期發放。其目的為：（1）整合並運用國家總體教育資源，促進資源分配合理效益；（2）改善幼稚園及托兒所生態與環境，並提升幼兒教育水準；（3）縮短公立幼稚園、托兒所與私立幼稚園、托兒所學費差距，以減輕家長教養子女之經濟負擔。
2. 實施方式為家長自行選擇理想幼稚園或托兒所就讀，再由各園所於審查無誤後，扣抵學費，第一學期於十月十五日、第二學期於四月十五日前統一造冊送直轄市、縣市政府審查，由地方政府統一造具請領清冊，分別報本部及內政部備查。

3. 透過幼兒教育券學費之補助，進而輔導未立案幼稚園儘速完成立案，並提供家長普及化、平等化的同品質幼稚園，及正確幼教資訊，發揮其教育選擇權，共同監督提升幼兒教育品質，讓幼兒都能有一定品質的幼稚園可供選擇就讀，同時為 2001 年教育改革檢討會議結論：「加速幼托整合，將五歲幼兒納入國民教育體制」之規劃基礎。

（三）資訊教育基礎建設計畫

1. 為配合本部資訊融入教學目標，本計畫主要內容為推動資訊種子學校的規劃，加強師生網上學習能力及網路內涵的建置，並整合數位資料及網站資源建立教育入口網站，以培養教師資訊融入教學能力，將學生、教師、學校以網路與世界相連，因而突破時空限制，建立開放共通教育平臺，讓網路教學資源共創共用，達到「隨時隨地隨意隨身隨手學習」的理想。

2. 另本計畫規劃以老師為起始點，藉由老師帶動學生、學生影響家長，進而將學校轉變為社區中動態和創新的學習場所，積極推動 e-learning，普及全民資訊與學習素養，並配合「挑戰 2008」六年國建計畫加強推動「縮短中小學城鄉數位落差」。在推動過程中，教育行政人員、產業與社區的參與也扮演關鍵的角色，使無論都會、鄉村、或是特殊需要之處都藉由資訊網路之便利獲得無障礙學習環境，人人得以共用學習資源，並縮短數位落差帶來的負面影響。

二、策略績效目標二之實施計畫
──建構安全、健康、適性之教育環境

（一）降低國民中小學班級學生人數計畫

1. 本計畫之實施策略包含調整學區、增班不需增建教室、增班需增建教室、徵收校地增建教室及徵收校地增設新校。本部除補助各縣市增班所需增建教室硬體工程經費外，亦補助增班所需增聘教師人事經費。
2. 本計畫預計自八十七學年度至九十二學年度逐年達成國小一至六年級以 35 人編班之目標，自九十一學年度至九十三學年度逐年達成國中一至三年級以 38 人編班之目標，九十四學年度至九十六學年度逐年達成國中一至三年級以 35 人編班之目標。

（二）推展學習型家庭教育，建立祥和社會中程計畫

1. 本計畫主要內容為推動學習型家庭教育，強化特殊族群家庭教育功能；加強親職教育方案，協助祖父母及父職角色及責任；落實婚姻教育，導正婚姻價值觀；發展家庭教育專業化體系，提升家庭教育服務效能；結合各界資源，營造家庭學習文化。
2. 推動方式係補助各縣市辦理學習型家庭方案、親職教育方案、婚姻教育方案，以及結合全國性民間團體辦理家庭教育方案。
3. 計畫之產出為研發學習型家庭、親職教育、父職教育、婚姻教育等推廣方案、教材及課程，另結合各縣市政府家庭教育中心、全國性之民間專業團體、社教機構，共同辦理家庭教育推廣活動，宣導正確之家庭教育理念及婚姻價值觀，發展家庭教育專業化體系，提升家庭教育服務效能，營造家庭學習文化。

（三）校園安全衛生改善中程計畫

1. 本計畫主要內容為設置專業輔導諮詢單位，提供學校所需之專業諮詢服務，以彌補學校缺乏專業人力之困難，並協助學校發現、評估與擬定改善計畫。同時搭配改善經費之補助，方能有效協助學校建立安全衛生及環境管理制度，學校自身規劃改善實驗場所與校園之能力，落實改善現有不安全與不健康之教學、研究環境。此外，積極建制與推廣校園適用之安全衛生及環境管理之教育訓練制度與工作，以教育的方式使學校師生與職員皆具有基本相關知識，除可自發性保護自身之健康與安全，並可同時維護校園學習環境之安全與完善。

2. 推動方式係整合相關部會資源、相關專業技術團體與學者專家等共同協助學校推展，執行方式如下：（1）與行政院勞委會協商擬訂年度安全衛生工作執行重點；（2）辦理學校安全衛生與環境管理技術諮詢與輔導，協助學校做好年度安全衛生管理與環境管理工作；（3）協助各校推行安全衛生與環境管理教育訓練；（4）補助學校辦理環保安全衛生改善工作。實施期程自九十年元月至九十三年十二月止。

（四）永續發展的綠色學校中程計畫

1. 本計畫主要內容為協助學校發展「永續發展」教育課程、政策、管理制度及校園環境等四大面向；推動多元化的環境學習中心，提供多元、普及的學習環境；研發各種永續發展議題與教育教材、辦理人才培訓及建立資料庫，協助地方政府規劃成立輔導團；與政府機關、民間團體、學術界建立及運作環境教育夥伴關係，並加強國際合作。實施期程自九十年元月至九十三年十二月止。

2. 推動方式係整合相關部會、地方政府、各級學校、學術機構、社教館所、民間團體及學者專家等共同推展，執行方式如下：（1）規劃及編輯學校永續發展教育課程與教材；（2）研究國外綠色校園的技

術與規則、學校環境政策與管理制度，規劃本土化的機制；（3）輔導規劃環境學習中心；（4）辦理環境教育人才培訓；（5）協助地方政府規劃成立環境教育輔導團，辦理評鑑與輔導訪視計畫；（6）虛擬永續發展環境教育與學習網路的規劃、設計、運作與擴充；（7）建立環境教育夥伴關係。

3. 本計畫可健全環境教育，將其融入生活及各學科教學，使教材、教法、教學媒體多元化，並輔導規劃自然學習中心，整合資源，建立夥伴關係，擴展學習點及機會，以充分奠定環境教育的制度與發展，提升全民環境素養，保護生態環境，達到環境的永續發展及利用，符合國際永續發展的潮流，有助於改善日益惡化的環境。

（五）學校健康促進計畫

1. 本計畫主要內容在營造健康與安全校園環境、積極推動健康教育與活動、提供優質衛生保健措施，以培育學生健康生活習慣，期使學生健康、安全、快樂成長。實施期程自九十年一月至九十三年十二月止。

2. 執行方式為訂定相關法規命令、補助改善環境設施（如飲用水設施）、充實健康中心設備、舉辦學校衛生相關人員研習、建置健康檢查網站系統、輔導學校辦理校園健康促進活動。

3. 透過本計畫之推動將可建構完善之法規體系、提升校園環境設施之衛生與安全、增進學校衛生相關人員知能、強化健康服務品質與效能、有效控制校園傳染性疾病、建立學生健康知識、態度與行為。

（六）加強學童視力保健五年計畫

1. 本計畫主要內容為持續加強辦理國小、幼稚園教師、家長志工、種子醫師各項研習；製作視力保健短片、教師手冊、兒童圖畫書、親子護照等宣導品；輔導使用新規格作業簿、教室照明，持續更

新國小新型課桌椅；辦理視力保健訪視工作並規劃相關研究。實施期程自八十八年八月至九十三年十二月止。

2. 執行方式由本部協同衛生署、內政部訂定策略，輔導補助地方政府、國小、大專院校及民間單位辦理各項重要工作，並結合家長、學校及社區多元化資源，建構視力保健網絡。

3. 本計畫主要對象為托兒所、幼稚園幼童及國小一、二年級學童，預期成效為：（1）降低學童近視比率；（2）提高學童斜弱視篩檢率；（3）提高視力有問題學童的轉介、矯治比率。

（七）推動教學創新九年一貫課程方案

1. 教學創新九年一貫課程是國民教育階段之核心政策，其基本理念為培養具備人本情懷、統整能力、民主素養、鄉土與國際意識，以及能進行終身學習之健全國民。透過「語文」、「健康與體育」、「社會」、「藝術與人文」、「數學」、「自然與科技」及「綜合活動」七大學習領域的課程安排，並授權學校結合全體教師和社區資源，發展學校本位課程，以培養學生具備帶得走的能力。本方案自九十學年度已於國小一年級正式實施；九十一學年度國小一、二、四及國中一年級將正式實施；九十二學年度國小一至五年級、國中一至二年級正式實施；至九十三學年度國中小全面實施。

2. 本方案執行原則為「全面參與」、「策略聯盟」、「多元互動」「專業成長」及「學校本位」，工作要項包含：新課程研習、試辦與推動、整備教學設施、連結整合網站資源、審定教科書、改進學習評量、研修相關法令、強化師資培育、協助教師專業成長及改進高中職入學制度。

3. 本方案之產出包含：十五萬國中小教師經過三十小時之初階課程研習；全國三千三百所國民中小學全面實施新課程；三百萬國民中小學學生接受新課程；網站閱覽人數達六百萬人。

（八）創造力中程教育發展計畫

1. 按「創造力教育白皮書」內容規劃，自九十一年起至九十四年止，展開為期四年之計畫，分別從幼教、國教、中教、社教、高教等層面，具體推動下列六項先期行動方案：（1）創意學子栽植列車、（2）創意教師成長工程、（3）創意學校總體營造、（4）創意生活全民提案、（5）創意智庫線上學習、（6）創意學養持續紮根。

2. 推動過程將兼重結構面與策略面，在結構上整合相關政策、體系和組織，藉群效（synergy）創造更有利的文化生態；在策略上則從生態文化、行政法制、學校經營、課程與教學等四個面向推動。執行方式將視各先期行動方案之屬性及內涵，以委辦或補助的方式，以大學校院為推動核心，作全面性、整合性之開展。

3. 本計畫之具體產出可從創意教師聯盟、課學程、學術研討、教材、網站、網路遊戲、研究成果、創意師生學習團隊、競比賽活動、國際交流、媒體宣導等形式呈現並作考察，惟仍期於動機強化、資源整合、網路建構、文化形塑等構面達成下述成效：

   （1）「動機」強化：從教育上層法制突破到下層教育氛圍形成，提供教師自發性及被動性思變動機。

   （2）「資源」整合：結合媒體專業，加強跨部會及跨司處行政、經費分工，釋放並累積教師能力，以提升社會知識存量，共展成效。

   （3）「網路」建構：產官學研各界以社會實體或網路虛擬之形式，層次性逐步建構創意網路。

   （4）「文化」形塑：藉由本計畫所得「創意示範」、「創意帶動」、「創意互動」等成果，建立一個樂在創新、樂於學習之文化環境與生態。

三、策略績效目標三之實施計畫

――推動多元入學方案，擴大學校招生選才及學生選校空間

（一）大學多元入學新方案推動工作計畫

1. 大學多元入學新方案業於八十八年六月經大學招生策進會審議通過，並自九十一學年度起實施。由於新方案屬入學制度重要變革，關係全體考生權益，本部基於監督立場，自八十八年起即配合大學招生策進會、各大學、高中及大學入學考試中心共同推動新方案。

2. 新方案將分三方面來推動（1）於每年召開之招生檢討會議、大學與高中交流會議等場合，由大學及高中研議招生作業之具體改進措施；（2）持續委託大學入學考試中心進行各項大學入學制度考試研究，並到部專案報告；（3）委請大學入學考試中心辦理延續性宣導措施，如種子教師、諮詢服務、印贈宣導資料，並委請適當單位進行媒體廣告、說明會等項目。

3. 透過大學多元入學新方案推動工作計畫，使各項資訊廣為暢通，方便搜尋、諮詢及瞭解，以增進各界對大學入學方式之瞭解，減輕學生升學壓力，增加家長信心，同時發揮高中升學輔導功能，導引學生適性發展。

（二）暢通升學管道――推動技職校院多元入學方案

1. 持續推動改進技專校院考招分離制度，整合現有入學管道；

2. 由技專校院入學測驗中心承辦統一測驗命題工作，持續研發題型，改進入學測驗品質與提升效度；

3. 輔導各招生委員會及招生學校研訂多元入學選才標準，招選適宜學生入學；

4. 評估增加測驗辦理次數，並逐年建立題庫及成績資料；

5. 繼續輔導技職學校調整轉型，適度擴增技職學生升學機會，並改進在職人員返校進修之機制；

6. 加強技職校院多元入學方案之宣導，鼓勵學生選擇技職學校入學就讀。

（三）暢通升學管道——實施高級中學多元入學方案

1. 實施高中、高職、五專多元入學方案，繼續研發國民中學學生基本學力測驗，並依據每年實施成效適時檢討修正方案暨相關配套措施，以及加強宣導工作；

2. 建立多元彈性學制，逐步調整高中職學生比例，及研議推動十二年國民教育之可行性；

3. 革新課程、教材與教法，修訂高中課程標準，統整高中、高職及五專前三年共同核心課程；

4. 加強高中學生輔導，辦理學生生涯及進路輔導；

5. 強化高中、高職評鑑制度，提升學校辦學水準。

四、策略績效目標四之實施計畫

——健全師資培育及建立教師分級制度，提升教師專業成長

（一）健全師資培育與教師進修制度中程計畫

1. 為健全現行多元師資培育及進修制度，本部將逐年推動師範校院轉型發展、推動師資合流培育、健全師資培育機構、加強特殊教育教師培育、建立教師終身進修制度等分項計畫。

2. 本計畫之工作要項：包括

　（1）協助師範校院規劃轉型發展計畫；

　（2）補助各校改善教學環境並充實教學設施與設備；

（3）實施師範校院增設系所班組及招生名額採總量發展，鼓勵增設非師資培育系所；

（4）整合中等學校、國民小學教師教育專業科目共同課程；

（5）推動師資培育法及相關法規修正，以建立國民中小學師資合流培育法源基礎；

（6）輔導各師資培育機構調整師資培育課程架構；

（7）充實師資培育機構教學設備，以發揮師資培育的功能；

（8）委託專業團體辦理師資培育學程評鑑，健全師資培育機構的組織與功能；

（9）補助各師資培育實習教師津貼，落實師資培育實習功能；鼓勵綜合大學設立特殊教育系所或教育學程；

（10）加強辦理各級各類特殊教育教師在職進修；

（11）鼓勵設有特殊教育院系所之大學開設學士後特殊教育學分班；

（12）推動教師終身進修制度，確保教師素質持續提升；

（13）建立教師進修網路系統，鼓勵並補助各師資培育機構辦理教師在職進修；

（14）鼓勵師範校院及設有教育院系所之大學校院辦理教師在職進修學分班及學位班。

（二）建立教師分級制度中程計畫

1. 我國高級中等以下學校及幼稚園教師之專業生涯發展現況，除了在學校行政體系晉升外，尚無制度化的生涯發展階段設計，加上進修機會不足，以致在教學生涯發展方面，常有教師專業化不足、教學專業成長遲滯現象，成為教育進步的阻力。為提升中小學及幼稚園教師專業成長，提升教學品質，建立終身學習梯階制度，有必要按教師專業發展階段，實施教師分級制度。

2. 為推動教師分級制度之建立，在實施策略上將朝下列方向發展：

　（1）提供教師多元進修管道，以積極性進階制度鼓勵教師進修；

　（2）建立教師評鑑制度；

　（3）建立教師分級制度與教師待遇合理級差，使教師社經地位獲
　　　得社會更多肯定；

　（4）研修相關法令，如教育人員任用條例、教育基本法、教師法；

　（5）訂定教師分級制度，舉辦分區說明會；

　（6）整合教師研習機構、師資培育機構及地方政府提供教師進修
　　　機會；

　（7）協調各縣市政府配合編列預算並修訂或增訂人事相關法規。

五、策略績效目標五之實施計畫
——追求大學卓越發展，提升知識競爭力

（一）大學學術追求卓越發展計畫

1. 成立「大學學術追求卓越發展計畫推動審議委員會」，由教育部長
及國科會主任委員共同召集，遴聘國內外學術地位崇高之學者共二
十人組成，負責本項計畫之策劃推動及各校申請計畫之審定。推動
審議委員會下設「工作小組」，由教育部次長及國科會副主任委員
共同召集教育部及國科會相關單位主管組成。

2. 本計畫依內容分成四大領域：人文及社會科學領域、生命科學領
域、自然科學領域、工程及應用科學領域。計畫審查之過程，分初
審、複審及決審三個階段。審查通過的計畫必須符合卓越的標準，
在該研究領域深具潛力，且確能建構學術發展基地及學術發展團
隊，提升我國在該領域之國際競爭力。

3. 為確保卓越計畫能順利執行，研究成果能達到學術卓越境界，經擬
具「大學學術追求卓越發展計畫管制考核作業手冊」，並組成「大

學學術追求卓越發展計畫考評委員會」，以監督學校之執行成效。原則上於計畫執行期中由考評委員逐年進行實地考評。計畫執行結束後，除提總結報告由考評委員審查外，並將辦理成果發表會。另為使社會大眾瞭解卓越計畫補助下之各計畫內容、執行進度及成果，並建置卓越計畫成果專屬網頁，以連結各計畫網站。

（二）提升大學基礎教育計畫

1. 為提升大學基礎教育及通識教育，自九十年度起，於「大學學術追求卓越發展計畫」中新增一子計畫—「提升大學基礎教育計畫」，透過教材教法革新及資源之整合，促進教學資源共用，以提升大學學生基本學科素養，達成全人教育之理想。

2. 為順利推動本計畫，經成立「提升大學基礎教育推動審議委員會」，負責策劃推動及審定工作。推動審議委員會由部長召集，成員包括部外委員二十五名及部內相關單位主管七名，審查時並分為「人文及社會科學組」、「生命科學組」、「工程及應用科學組」、「自然科學組」、「整合性」等五組進行專業審查後，再提推動審議委員會討論確定。

3. 本部將續自卓越計畫中移撥十八億元做為推動第二梯次「提升大學基礎教育計畫」之用，但其作業方式則酌予改變。亦即，將改採「由上而下」之規劃方式，鼓勵學校透過校際整合方式、建立新制度與新教學方法，以提升我國大學學生人文及基本素養。另將透過通識團隊、教師進修營等方式，加強老師的在職再教育工作。

（三）推動大學教育資源整合計畫

1. 本計畫之執行方式如下：
   （1）校際整合：可分為成立跨校之大型研究中心、大學系統、及合併三種方式。各種整合方式有其限制條件，學術研究領域

具發展潛力或執行大學學術追求卓越計畫優異者得提出跨校研究中心計畫；兼具互補性、水準及規模之相當性、地區之相近性等學校得提出大學系統及合併。其中跨校研究中心係鼓勵大學或研究機構以領域為導向，結合優秀人才共同設立，本部將補助其基本之建築及設施，未來其他校院均可參與使用。至於大學系統則在尊重各參與大學之獨立性與自主性原則下，於各參與大學之上，成立大學系統委員會，並針對參與學校最傑出領域之人才、資源規劃，進一步提升品質，追求卓越之具體方案。

（2）校內整合：係以人文社會、理、工、生命科學等學術領域齊全之研究型大學為對象。

2. 本部九十一年編列高等教育經費預算，專案補助國內大學整合，係為協助整合提升大學研究基礎環境，以提高國際競爭力。其推動策略及方向為：

（1）本部推動整合，鼓勵「整合」的經費以額外專案寬列，不影響到例常的教育經費及分配。

（2）整合的規劃將透過嚴格的評審，計畫與計畫之間有競爭機制，而不是只要提一個整合案就自動分到額外的經費。

（3）審查計畫時將特別著重其工作團隊的專業水準，其主要人力的組合必須具有世界級的競爭力，而不只是選出某些國內現有較佳人才，給以十倍甚至數十倍的經費去作一些在學術上只能增加產量而不能顯著提升品質的工作。

（4）各整合計畫除應建立執行成效之具體指標及考核辦法外，核定計畫前，本部將視需要實地訪視，未來並將透過建立之外部審議機制每半年至一年評估其成效，成效良好者方繼續支援辦理。

（5）審核作業將優先考量申請單位符合研究型大學之程度，並依

整合模式之不同，作整體及個別衡量。

（四）提升大學國際競爭力計畫

1. 本計畫主要在協助國內高等學府與國外學術機構建立實質的合作關係，融入國際學術主流，進而提升整體學術研究水準與教育品質，增進國際學術地位與能見度。

2. 實施重點為推動博士生及博士後出國研究獎助計畫、鼓勵國內大學與國外著名教育機構交換教授與研究人員進行交流合作、鼓勵各校與國外大學聯合開設學程或建立雙聯學制、規劃英語教學學程與建設良好的配套環境、研訂國際競爭力指標並推動大學評鑑採用國際評鑑指標、鼓勵各專業學術期刊國際化等。

3. 本計畫能促進國內高級人才國際學術交流與合作能力，提升國際視野，落實學術交流績效，厚植國內研究實力，提升教育品質，進而提升我國大學國際競爭力。

（五）大學科技系所人才培育計畫

1. 本部自九十一學年度起，大學增設系所採總量發展方式審核，除特殊項目外，本部不再就個別系所進行專業審查，國立大學擬申請核給員額經費之新增系所班組案，仍須報部審核，國立大學應以經費、員額補助鼓勵擴增，私立大學因增設系所權責屬各校，視各校辦理成效納入私校整體獎補助。

2. 本計畫執行方式如下：

（1）國立大學：預定每學年度專案保留師資員額 85 名，由各國立大學提出計畫申請，並由行政院科技顧問組會同本部專案審核；本案所需師資員額屬專案核撥，各校計畫經本部核定並核撥員額補助辦理者，應確依規劃聘足本部核撥之師資員

額，未聘足者本部得視情形收回所核師資員額；國立大學增
設此類系所增加之招生名額，納入本部補助各校經費之名額
計算；鼓勵國立大學資源條件較優者，以不增經費、員額方
式專案增加該類研究所招生名額。

（2）私立大學：資源條件充足並有足夠師資者，得依增設系所總
量發展審核之規定規劃辦理增設該類系所及學程，並視辦理
成效納入年度私校整體獎補助辦理。

（六）推動技職校院產學合作計畫

1. 本計畫主要內容係建立技職學校與產業界合作之交流機制，增進學
校與業界密切之合作與互動，整合並分享產官學研資源，全方位落
實產學合作。

2. 執行方式為成立跨部會「技專校院產學合作指導委員會」、籌組「教
育部區域產學合作中心」評選小組、成立技專校院區域產學合作中
心，並依中心之定位與功能推動業務。

3. 本計畫預期可擴大技職學校與產業界的研究合作及交流，強化技職
學校與產業界推展共同研究，建構新型態的產學合作方式，增進技
職學生專題製作能力，建立技術移轉制度，推展研究成果的專利化
及實用化等。

六、策略績效目標六之實施計畫
　　——加強弱勢族群教育，實現社會公義

（一）發展與改進特殊教育計畫——加強身心障礙學生教育

1. 本計畫主要內容為提高身心障礙學生之就學機會，並加強專業鑑定
能力，給予適性安置，再透過專業團隊之整合服務，提升身心障礙
教育服務品質。實施期程自八十七年七月至九十二年十二月止。

2. 執行方式係由補助或委託地方政府、大專校院、民間團體等單位經費，辦理建立特殊教育學生多元安置措施、強化特殊教育專業輔導功能、加強發現身心障礙兒童措施及加強提供身心障礙兒童就學之特教輔助支援等工作要項。

3. 本計畫在量的提升方面，可提高各教育階段身心障礙學生接受特教服務之人數，在質的提升方面，則繼續提供特教專業團隊服務、辦理各項特教專業研習、改善無障礙學習環境等工作。

（二）發展與改進原住民教育計畫

1. 本計畫主要內容為結合各級學校、家庭教育與社會教育，就行政、學制、課程、教學、師資、設備、輔導等項目，釐訂健全原住民教育發展之具體方案與措施。計畫期程自八十八年至九十二年止。

2. 執行方式係由本部、行政院原住民委員會、各直轄市、縣（市）政府、相關大學、各師範校院等機構及單位共同推動，其工作項目如下：(1) 充實原住民各級教育體系；(2) 改進原住民教育師資養成；(3) 協助原住民學生生活與輔導；(4) 強化原住民教育課程、教學與設施；(5) 發展原住民教育研究及學術交流；(6) 推展原住民社會及親職教育。

（三）教育優先區計畫

1. 本計畫之推動係本諸「教育機會均等理想」及「社會正義原則」，針對處境相對不利地區學校擬訂補助指標及補助項目，採「積極性差別待遇」方式進行補助，以有效提升該地區學生學習成就。

2. 本計畫之指標計有七項，包括：(1) 原住民及低收入戶學生比例偏高之學校；(2) 離島或偏遠交通不便之學校；(3) 隔代教養及單（寄）親家庭學生比例偏高之學校；(4) 中途輟學率偏高之學校；(5) 青

少年行為適應積極輔導地區；（6）學齡人口嚴重流失地區；（7）教師流動率及代理教師比例偏高之學校。補助項目計有十項，包括：（1）推展親職教育活動；（2）推展學校社區化教育活動；（3）補助文化不利地區學校學習輔導；（4）補助文化不利地區發展教育特色；（5）修繕偏遠或離島地區師生宿舍；（6）補助交通不便地區學校交通車；（7）開辦國小附設地區性幼稚園；（8）興建學校社區化之活動場所；（9）供應地區性學童午餐設施；（10）充實原住民教育文化特色及設備器材。

3. 本計畫第一階段起自八十五年度至八十七年度，第二階段起自八十八年度至九十年度，九十一年度至九十四年度為第三階段。八十五年度至九十年度之計畫執行結果深獲各界肯定與支援，因此，將繼續執行第三期計畫，並配合時空環境之改變而予以適度調整與改進。

（四）學生輔導計畫

1. 本計畫之內容包括推動認輔制度、提升教師輔導知能、國民小學中輟學生通報及復學輔導方案、兩性平等教育計畫及生命教育計畫。

2. 為有效督導及協助大專校院、地方政府推動實施，本計畫之推動機制為頒布地方政府及學校辦理學生輔導計畫年度實施原則及作業計畫、成立「輔導中途輟學學生專案督導小組」、「兩性平等教育委員會」及「生命教育委員會」。

3. 本計畫工作項目主要包括督導地方政府成立輔導工作執行小組、成立輔導計畫輔導團、辦理中輟學生復學輔導、建立社會輔導網絡、建立兩性平等教育組織、培育兩性平等教育師資及專業人才、充實兩性平等教育課程與教學內涵、加強校園兩性平等觀念、鼓勵大專校院及地方政府將生命教育納入學校相關課程與活動中，並加強生命教育社會教育。

重點整理：教育部中程施政計畫

一、策略績效目標一之實施計畫——調整現行學制，因應 e 世紀
　　時代之需求

　　（一）推動綜合高中及高中職社區化方案

　　（二）發放幼兒教育券實施方案

　　（三）資訊教育基礎建設計畫

二、策略績效目標二之實施計畫——建構安全、健康、適性之教
　　育環境

　　（一）降低國民中小學班級學生人數計畫

　　（二）推展學習型家庭教育，建立祥和社會中程計畫

　　（三）校園安全衛生改善中程計畫

　　（四）永續發展的綠色學校中程計畫

　　（五）學校健康促進計畫

　　（六）加強學童視力保健五年計畫

　　（七）推動教學創新九年一貫課程方案

　　（八）創造力中程教育發展計畫

三、策略績效目標三之實施計畫——推動多元入學方案，擴大學
　　校招生選才及學生選校空間

　　（一）大學多元入學新方案推動工作計畫

　　（二）暢通升學管道——推動技職校院多元入學方案

　　（三）暢通升學管道——實施高級中學多元入學方案

四、策略績效目標四之實施計畫——健全師資培育及建立教師分
　　級制度，提升教師專業成長

　　（一）健全師資培育與教師進修制度中程計畫

　　（二）建立教師分級制度中程計畫

五、策略績效目標五之實施計畫——追求大學卓越發展，提升知
　　識競爭力

（一）大學學術追求卓越發展計畫

（二）提升大學基礎教育計畫

（三）推動大學教育資源整合計畫

（四）提升大學國際競爭力計畫

（五）大學科技系所人才培育計畫

（六）推動技職校院產學合作計畫

六、策略績效目標六之實施計畫——加強弱勢族群教育，實現社會公義

（一）發展與改進特殊教育計畫——加強身心障礙學生教育

（二）發展與改進原住民教育計畫

（三）教育優先區計畫

（四）學生輔導計畫

5	3	依教育部最新（94.06.23）的班級編制準則規定，國民小學每班學生以多少人為原則？①30人②33人③35人④38人。
6	B	為解決特殊地區的教育問題，平衡城、鄉差距，教育部推行實施下列哪項政策（A）小班小校（B）教育優先區（C）免試入學（D）公費生保送甄試（E）九年一貫課程深耕計畫。
7	C	教育經費預算科目可依其性質分成經常門與資本門兩類，下列何者屬於資本門的支出項目？（A）人事費　（B）業務費　（C）設備費　（D）捐助費。
8	1	下列何者不是教育部「教育優先區」計畫的補助項目？（1）新建師生宿舍與危險教室　（2）親職教育活動（3）弱勢學生學習輔導　（4）學校發展教育特色
9	D	下列哪一項教育政策為減少地區背景不利對教育的影響，採取「積極性的差別待遇」，以實踐教育機會均等的理想？（A）小班教學計畫（B）九年一貫課程（C）廣設高中大學（D）教育優先區。

10	A	下列最能表達教育機會均等的意義？ A.教育輸出品質的平等 B.教育資源輸入的平等 C.公平競爭 D.以上皆非
11	B	以哪一項教育政策係採「積極性的差別待遇」減少地區背景不利對教育的影響，以實踐教育機會均等的理想？（A）九年一貫課程（B）教育優先區（C）小班教學精神（D）高中職社區化。
12	④	為促進教育機會均等，近年來教育部積極推動的政策是：①自動就學方案 ②十年國教計畫 ③綜合高中計畫 ④教育優先區計畫。
13	A	政府透過政策性地重新分配教育資源的運用，使教育水準較落後的地區，獲得充分支援，提昇學校教育的品質，並引領社區的發展。這是指哪一項教育政策？（A）教育優先區（B）九年一貫課程（C）終生學習（D）體制多元化。
14	C	教育優先區計畫的主要目的為何？ A.補救教學 B.菁英教育 C.機會均等 D.適性教育
15	B	教育優先區計畫的主要目的為何？（A）補救教學 （B）機會均等 （C）因材施教 （D）有教無類。
16	B	為解決特殊地區的教育問題，平衡城、鄉差距，教育部推行實施下列哪項政策（A）小班小校（B）教育優先區（C）免試入學（D）公費生保送甄試（E）九年一貫課程深耕計畫。
17	A	教育部近年來積極推動「高中職社區化」方案，下列有關此方案哪一項敘述是正確的？（A）該方案被視為未來推動十二年國教的基礎（B）鼓勵所有高中與社區國中合併為完全中學（C）鼓勵各地明星高中聯合舉行全國性考試，以招收優秀學生（D）高中職「社區化」意義同於高中職「學區化」。
18	C	目前我國教育部正規劃推動的學校社區化，主要是針對哪一個層級的學校：（A）國小 （B）國中 （C）高中、高職 （D）大學校院。

19	C	下列何者不是教育部推動 94 年度教育優先區計畫指標？（A）原住民比例偏高之學校（B）離島或偏遠交通不便之學校（C）青少年行為適應積極輔導之學校　（D）中途輟學率偏高之學校
20	4	下列何者為促進教育機會之途徑？①縮短義務教育年限②實施雙軌學制③提早課程分化④實施補償教育。
21	ACD	下列有關幼兒教育券的陳述哪些是對的？　A.鼓勵私立幼稚園、托兒所立案　B.就讀公私立幼稚園及托兒所學童均可領取教育券　C.教育券可折抵部份學雜費　D.幼稚園與托兒所可憑教育券向教育主管機關兌換現金（複選題）
22	1	我國目前實施教育券政策的是哪一階段教育？①幼稚園②國民小學③國民中學④大學。
23	1	實施幼兒教育券的主要目的是①教育資源的公平分配②減少城鄉差距③普及地區均衡發展④提升幼教品質。
24	A	下列何項政策反映出教育市場化的精神？（A）教育券（B）小班教學精神（C）教育優先區（D）學生營養午餐。
25	D	下述何者為增加教育選擇權的改革措施：（A）教育券（voucher）（B）特許學校（charter schools）（C）在家教育（home schooling）（D）以上皆是。
26	ACD	下列有關幼兒教育券的陳述哪些是對的？　A.鼓勵私立幼稚園、托兒所立案　B.就讀公私立幼稚園及托兒所學童均可領取教育券　C.教育券可折抵部份學雜費　D.幼稚園與托兒所可憑教育券向教育主管機關兌換現金（複選題）
27	BCD	下列有關台北市兒童教育券政策的陳述，何者為真？A. 市政府發給五歲以上子女到公私立幼稚園或托兒所者每年一萬元　B. 市政府發給五歲以上子女到私立幼稚園或托兒所者每年一萬元的有價憑單，藉以抵免學費　C. 鼓勵未立案的幼稚園、托兒所

		立案 D. 滿足家長選擇權的需求（複選題）

填充題：

28	教育優先區	為解決特殊地區的教育問題，平衡城、鄉差距，教育部推行 ___ 政策。
29	89	教育部從___學年度開始發放教育券。

名詞解釋或簡答：

教育代券
高中職社區化計畫

貳、2005～2008 年教育施政主軸

創意臺灣、全球布局──培育各盡其才新國民

杜正勝　教育部部長（資料來源：教育部）

　　「創意臺灣、全球布局－培育各盡其才新國民」此乃正勝到教育部四個多月來，經不斷思考教育本質、核心價值以及終極目的等問題，配合行政院落實臺灣主體性、完備生活安全網、展開策略聯盟布局之施政主軸。這個報告除個人的一些思考外，並邀請學者專家、傑出企業人士與部內同仁參議，統整「挑戰 2008 國家發展重點計畫」，召開大大小小將近 100 場次會議，是凝聚各界之智慧與經驗而提出的未來四年教育政策，尚祈各位長官、先進不吝指教。

　　美國心理學家馬斯洛（Maslow, A. H.）強調人類有生理、安全、愛與隸屬、尊重與自我實現等五個由下而上依序追尋的需求，可見教育本質在於自我實現，讓每個人都完成自我，充分發揮自我的潛能，亦即「讓每個人都成功（success for all）」。21 世紀是知識經濟的時代，知識經濟首重人才培育，先進國家為提升國家競爭力，紛紛推出各項教育理念或改革措施，如美國布希總統於 2001 年提出「不讓任何一個孩子落後（No Child Left Behind）」的教育改革方案，擬定「2002-2007 年發展規劃」；英國於 2004 年公布「五年改革方案　」（Five Year Strategy for Children and Learners），勾勒各級教育階段的改革措施，小學教育強調提供二小時體育及學習一種外語、一種樂器的機會，中等教育則以發展獨立的學科專長體系為主軸。日本於 2003

<u>年制定「教育振興基本計畫」</u>，強調培養能確實自我實現與自立的人，培育具有日本傳統與文化根基、並能在國際社會生存與高素質的日本人。是故，為國家未來的發展，面對國際日益激烈的競爭，教育的本質、核心價值和終極目的是國家教育政策制定者最應關心的問題，使國人能成為「完成個人」的現代國民，具備扎根本土的意識、迎向全球的才能，和關注社會的情懷。

一、當前國內外環境情勢剖析

　　教育在過去歷任部長的領導及同仁的努力下，已有了一些具體的成果。包括：向下延伸到普及 5 歲的幼兒教育、降低國中小班級學生人數、調整高中職學生結構、落實高中職社區化、推動完全中學與綜合高中、暢通升學管道、建立終身學習體制、保障身心障礙與各類弱勢學生教育機會與品質、建立教學訓導及輔導三合一體制，以及完成教育基本法及教育經費編列與管理法之立法工作等。然而在面對國內外環境情勢的改變以及國人對教育之殷切需求和期許，我們仍有很大的努力空間。

（一）國際環境分析

　　邁入 21 世紀，國際環境瞬息萬變，對教育主要的衝擊有三：

1．知識經濟時代終身學習需求：因應知識經濟時代，調整教育內容，培養創造力，培育人文與科學素養兼具，配合並引導產業轉型升級所需之人才，都是當前高等教育規劃的重要課題。

2．數位化時代學習型態轉變：數位化時代來臨，改變傳統的學習方式。如何提供數位化學習環境，提供各級學校教師與學生資訊應用能力，已成為迫不及待的工作。

3・全球化時代國際競爭激烈：面對全球化的國際競爭，人才
　流動沒有國界限制，取得優勢的關鍵繫於「創意」和「品
　質」。未來的趨勢，教育市場勢必開放，國際高等教育
　的競爭勢必加劇，教育政策惟有朝向更多元化與國際
　化，才能化危機為轉機，不但留得住本國人才，也可以
　吸引外國人才。

（二）國內環境分析

　　近幾年國內環境亦產生重大變革，對教育最直接影響的因
素有三：

1・人口結構轉變問題：國人生育率降低，20 年（1983-2003）
　來年出生人數已由 40 萬人降到 22 萬人，學齡人口快速遞
　減，對各級教育供需產生嚴重的衝擊；另外，來自東南亞
　與中國的配偶人數快速激增，民國 91 年其新生嬰兒所佔
　比率已達八分之一，不論是配偶本人或其子女已成為我國
　教育的新興課題。

2・學校擴增後學生素質提升之壓力：過去幾年為暢通升學管
　道，廣設高中、大學，造成學校學生數量快速擴增，但教
　育資源並未隨比率配合成長。在齊頭式資源分配觀念下，
　欠缺競爭機制，導致教育資源稀釋化，嚴重影響教育品質。

3・教育鬆綁後體系的調整：教育鬆綁乃教育改革的重要目
　的，也是手段，促使校園邁向民主化，但對教育環境與行
　政運作却也產生若干調適的問題。例如：中央與地方權限
　未能釐清；校長的行政領導、教師的專業自主與家長的參
　與權之理想互動模式有待建立等。另外，教育改革的主要
　動力在教師，民主化後如何提升專業化，強化教師專業、
　敬業與樂業，乃必須面對的課題。

二、教育核心理念

為解決上述國內外環境變遷所造成之問題，個人將以下列三項基本核心理念，做為施政之準則：

（一）適性揚才

教育應配合學習者之能力、性向、興趣及需要，提供各種適性學習機會，以發揮其多元潛能，建立社會多元價值觀，達成國家多元發展之總目標。

（二）迎向全球

創新為國力之泉源，也是人類文明進步之動力。我國過去經濟與政治的成就，是與世界先進文明互動的結果，當前教育的推動亦然，要放在全球的架構中思考，以世界先進國家為標竿，不斷要求自我提升，使我國教育亦能邁入先進國家之林。

（三）扶助弱勢

有雲「物之不齊，物之情也」；由於所有學生並非都站在同一起跑線上，為維護社會公平正義，國家應將有限之教育資源作合理的分配，使社會經濟劣勢之學生有充分合理公平的機會得到發展。

教育改革是對社會價值觀、傳統文化慣性的挑戰，是對個人的改革，也是對社會的改革。重視學習者的個性、特性，發揮他的才能、創意與創造力，國力將隨之提升。適性揚才是實事求是的作為，務期學生潛能之充分發揮，以實現自我，邁向成功之路；迎向全球是國際視野之開拓，務期在國際之合作與競爭中取得優勢，引領國力升級及國人生活素質之提升；扶助弱勢則是人文關懷的表現，務期實踐社會之公平正義。因此，根據上述基本核心理念，並檢視當前之教育問題，本於統整簡化、去蕪存菁之原則，提出未來四年施政主軸。

三、施政主軸

教育部未來四年之施政主軸以「培養現代國民」、「建立臺灣主體性」、「拓展全球視野」、「強化社會關懷」作為四大綱領，提出 13 項策略及 33 項行動方案。

這個施政主軸乃理念與實際之結合，以理念為基礎而衍生出策略與行動方案。秉持「回歸教育本質」、「完成個人」的施政理念，讓教育理念落實到每個個人，使其發揮最大潛能，完成自己。人能完成自我，即是完成國家，個人能力充分發揮即是國力的提升。21 世紀的核心價值在於先進的創意與寬廣的視野，教育除激發個人的原創性外，亦應引導個人有寬廣的世界觀與長遠的歷史觀，因此，本部提出「創意臺灣、全球布局－培育各盡其才新國民」作為施政的總目標。

（一）現代國民

面對後殖民時代的全球化、市場化與資訊化，以及知識經濟、生物科技之新時代，教育應有新思維與新作為。針對培養現代國民，我們提出下列三項具體策略。

1．提高語文能力：

具備一種語文能力就能進入一個世界，推動外語學習尤其是英語學習，乃藉由語文幫助孩子開啟一扇窗，使其悠游於世界古今，瞭解歷史文化，吸收人類文明的成果。因此，我們不僅應強調本國語文，也要重視多種外語能力，以期吸收世界先進各種文明的優點。

具體目標如推動師生英檢，到 97 年有 50%大學生通過中級英檢，50% 技專校院學生通過初級英檢；初任中小英語教師者均通過中高級英檢、初任中小一般教師者均通過中級英檢；現職國中英語教師有 70%、現職國小英語教師有 40%通過中高級英檢。

　　為加強國中小學生表達思想的能力，將要求其每學期至少完成 4－6 篇作文，並將挑選 300 所文化不利地區之國小推動閱讀活動，使學生一年內至少閱讀 50 本以上的優良讀物；大專校院亦將透過通識教育課程，加強學生閱讀及寫作能力。

2．均衡人文與科技：

　　中等教育係以完成現代化國家國民之基本要求為要務，此階段學生應充實人文素養，加強審美與創作能力；提升科技素養，增進對自然環境的認識與愛護，以及資訊應用之能力；並重視健康之促進與維護，啟發尊重生命之價值觀。

　　除加強科學教育外，將強化美育與體育。美育推動「一人一樂器，一校一團隊」計畫，加強學生藝術鑑賞能力，預計到 97 年將有 85%以上國中小每校至少成立一種藝能團隊，80%以上學生至少學習或喜好一種樂器或音樂項目。健康與體育教育，實施「一人一運動，一校一團隊」計畫及健康促進學校計畫，到 97 年每一位學生至少學得一種終身運動技能、每位學生每天至少累積 30-60 分鐘身體活動，且增加國中小辦理健康促進學校之校數達 500 所。

3．強化多元與普世價值：

　　歷史上許多文化及價值，歷經人類社會長期驗證、自然淘汰或萃取保留，去蕪存菁，形成今日多元的文化面貌，但在多元之中，仍然有一股大家共同遵循和追求的普遍價值。今日地球村時代，人類的共通追求，如人權、自由、民主、社會正義等普世價值，將是現代國民的具體指標。

　　在特殊與普遍的目標中，落實到教育政策上，如推動高中職社區化，促進高中職教育資源均衡化與優質化；實施多元入學方案，建立符合多元取材及適性發展之入學機制，重視學生多元智慧啟發；強化公民意識，營造一個有助於人權與多元文

化發展，重視性別平等及生命價值，能相互尊重、包容與關懷之友善校園，均是強化多元與普世價值的具體作為。同時我們也認為責任教育，對自己負責，也對別人負責，是不可或缺的重要項目。

（二）臺灣主體

　　每個人都有其立足點，強化臺灣主體旨在使教育回歸到每個人所生活的時空環境，不宜把它狹隘化、泛政治化。作為臺灣的國民，身在臺灣，具備臺灣主體意識應像呼吸空氣一樣地自然。

　　臺灣主體性應建構在體認生命共同體、增進族群多元平等之基礎上，強化「族群多元、國家一體」，以多元文化的「族群和諧」代替一元式的「族群融合」。在教育作為方面，將採取發揚臺灣特色、尊重多元文化、引領國力升級三種策略。

1．發揚臺灣特色：

　　首要之務是認識臺灣，深化認同。中小學課程要納入臺灣生活時空環境素材，培育國民具備尊重多元文化精神及各族群語文特性，培養學生熱愛鄉土情懷，進而瞭解及尊重不同文化；並加強臺灣海洋文化與特色之課程與教學，培養學生具有包容博大、創新求變的海洋國民意識，展現海洋國家的特色。

　　自 1990 年以來，臺灣主體意識日益茁壯，大學校院有關臺灣研究的系所也逐漸成立，當務之急宜先檢討現況得失，以便規劃未來的發展，健全並深化臺灣學研究，臺灣主體的國民教育才可能深入。明年起將要求社會領域國中小教材、國中基本學力測驗包含臺灣生活時空環境素材的比例不得低於 50%。推動「走讀臺灣」，鼓勵社區辦理認識鄉土、臺灣文學賞析、臺灣歷史導讀等課程或活動，使社會大眾更加認識臺灣。為臺灣

永續發展，規劃「永續校園」推廣計畫，強化「生態環境創造與確保」及「綠建築建設」，從瞭解自身校園地域、文化、歷史與生態等特色，進而激發對土地的關懷與愛。為確立海洋臺灣之推動體系，將加強教師海洋教學知能；強化海洋研究及海事人才培育；提升學生水域活動能力；規劃南島文化園區等，以保存臺灣海洋文化；預計到 97 年提升學生會游泳之比例至50%，培育海事人才達 500 人以上。

2．尊重多元文化：

　　將從發揚臺灣各族群文化與特點及發展新移民文化著手。前者旨在為建構「臺灣主體」之歷史精神做詮釋，將從輔導社教機構及本土展演團體展現臺灣意識之展演活動；整合臺灣族群文化資訊，運用多元國際管道傳播宣導；及加強臺灣族群文化學術研究交流活動，增加臺灣文化在國際學術之能見度努力。後者則將辦理多元文化交流與教育成果展示活動，建立國家一體之認識，促進在地國際文化交流與融合；建立外國配偶終身學習體系，促進新臺灣之子雙邊文化認同，從小培養健全文化意識與人格發展。

3．引領國力升級：

　　為提升國民素質，引領國力升級，在教育觀念上，不但要尊重學習主體的特性與個性，還要能發揮他們的特長。落實到具體的教育措施，將微調九年一貫課程綱要，修改普通高中暫行課程綱要，於 95 年 8 月建置中小學課程體系，俾於 98 學年度正式實施國小至高中十二年一貫之課程體系。在此同時，推動「國家教育研究院」法制化，積極從事教育研究，以為今後教育施政的理論依據。

　　在師資方面，加強大學校院教育學程評鑑，建立退場機制，未來三年師資培育量將逐漸降到現在的一半；透過各種在職進

修及研習班次，提升教師專業能力；並健全教師終身學習機
制，加強不適任教師處理的啟動機制。在學生素質方面，建
立學生能力檢測機制，訂定各級學校提升學生素質之策略；
另配合國家經濟發展需要，鼓勵大學開設符合國際化、產業
需求之跨領域學程，加強培育優質足量之高科技與服務業人
才，至少培育重點高科技人才 10,000 人、碩士級產業研發人才
5,000 人、文化創意產業人才 1,000 人、及持續培育創新研發及
產學合作的人才。另外，將建構知識整合性之社區教育學習網
路平臺，發展 e 化網路學習教材，以強化終身學習體系。

（三）全球視野

國際競爭日益加劇，各大企業均已朝向跨國性企業發展，
未來青年不僅是熱愛鄉土的臺灣人，也是胸懷全球的世界人，
他們的舞臺是以臺灣作基地，伸向世界各地。未來將從推動教
育國際化、發揮創意展現特色及擴大雙向留學著手，以拓展
學生的全球視野。

1．推動教育國際化：

鼓勵大專校院辦理全英語授課之學程，由 92 年 63 個學程
至 97 年增加為 120 學個程；加強與外國大學學術合作和交流，
由 92 年 89 校/318 案至 97 年增加為 130 校/600 案；推動大專
校院雙語環境之建置，由 93 年 11 校至 97 年增加為 93 校；辦
理雙聯學制之課程，鼓勵交換教師及學生；高中職將推動「國
際學生教育旅行」。為增進高等教育與經濟發展及國際趨勢結
合，預計到 97 年高等教育產學合作的申請專利數將達 150 件；
推動國際技職教育聯盟，加強與俄羅斯、印度與東南亞國家的
合作；輔導大專校院師生參與國內外專業證照考試、技能檢
定或技藝競賽等。外國語文除上述英語文提升策略，亦將發

展大學外語學院，加強日、法、德、西、俄與阿拉伯等多樣性外語人才之培育。

2．發揮創意展現特色：

　　鼓勵學校發揮辦學特色，預計到 97 年九成中小學均能發展出頗具規模的特色團體。學校教學以激發學生創意為首要目標，積極參加國際競賽，走進國際社會。

　　為追求世界級的研究與教學，將鼓勵大學整併及校際合作，並以競爭性經費輔導大學校院發展國際一流大學，鼓勵設置具有競爭力與特色的系所以及跨校研究中心。未來將朝五年內至少十五個重點系所或跨校研究中心排名亞洲第一名，十年內至少一所大學居全世界大學排名前 100 名內之目標努力。

　　教學方面，各大學將建置教學與實習品質管控機制，鼓勵設置教學中心，並透過通識教育，培育具有創造力的人才。大學人才培育應具有前瞻性，系統設置、課程規劃必須與社會經濟互動，配合產業發展，並且引領產業升級。

3．擴大雙向留學：

　　為吸引外籍學生來台留學，將增加臺灣獎學金名額，鼓勵大專校院設置外國學生獎助學金，確定較具優勢之學科領域，加強宣導及資訊提供，促使來台留學人數十年成長十倍。另為鼓勵國外留學，將積極推動「公費留學」、「自費留學」、「留學貸款」及遴選「外國政府及機構贈送我國獎學金」等四項鼓勵措施，預計每年出國留學生簽證人數將逐年成長 3%。本部結合其他部會推動「菁英留學」計畫，94 年到 97 年人數依序為 1,004 人、1,032 人、1,044 人、1,056 人。為培養國家亟需之法政人才，規劃法政精英留學計畫，以五年 50 名為目標。此外，為實施「規劃性留學」，將設立「臺灣海外研究中心」與一流

大學合作，培育我國留學生，加強學者交流。

（四）社會關懷

　　為落實教育機會均等、實踐社會公平正義的理念，必須善用國家資源，對處於社會、經濟、文化、教育、區域不利地位的弱勢學生，給予積極協助，避免造成雙峰現象持續擴大。在策略上將從扶助經濟弱勢、輔助學習弱勢、縮短區域弱勢及強化責任教育等方面著手。

１．扶助經濟弱勢：

　　為扶助高中職以上弱勢學生就學，將繼續加強協助高中職以上中低收入學生辦理學生就學貸款，明年預計提撥 30 億元讓 70 萬人次受惠；持續辦理各類特殊學生就學費用減免，高中職以上低收入戶學生每年至少有 14,000 人、身心障礙人士及其子女每年至少有 100,000 人。大專校院學雜費收入提撥一定比例作為清寒學生之清寒助學金使用，明年起至少提撥 7 億元讓 8 萬名學生受惠。規劃「青年助學基金」，結合政府、民間及學校各項助學資源與系統，協助高中職以上弱勢學生順利就學。

２．輔助學習弱勢：

　　為輔助國中以下弱勢學生學習，將繼續推動教育優先區計畫，提供「積極差別待遇」之補償性輔助；推動教育精英「風華再現」計畫，今年引進 3,000 名退休教育人員協助輔導弱勢學生課業與生活適應；實施「關懷弱勢弭平落差課業輔導方案」，結合大專校院學生、退休教師等支援人員，針對原住民、低收入戶、身心障礙、外國配偶子女等需要補救教學之國中小學生進行課業輔導，並補助弱勢學生參加國小課後照顧活動。

3・縮短區域弱勢：

　　為縮短中小學城鄉數位學習落差，將全力改善偏遠地區學校、非都會且非偏遠地區學校資訊教學整體設施正常運作環境，並培訓 8,000 名偏遠地區教師，提升偏遠地區中小學教師運用資訊融入教學之能力。

4・強化責任教育：

　　品德是做人的根本，但長年以來品德教育從「形式化」進而「虛無化」，流於八股。當今之政策應將品德教育融入其他學科之中，譬如體育，遵守遊戲規則，甘擔輸贏，即是栽培正人君子的基本要求。自覺性的責任感教育亦受忽略，我們應發揚利他情懷，強化學生對自我及國家社會的責任，並提高學生自律與自治的能力。校園安全與和諧日益受到關注，我們將積極建置教師用心、家長放心、學生開心的友善校園，強化學生輔導新體制，及強化民主法治的多元普世價值。

四、滾動前進邁向願景

　　教育的成敗攸關整體國力的發展與提升，杜正勝很榮幸能承擔教育部長的重責大任，目前所規劃出來之未來四年施政主軸及策略，將採滾動前進方式，逐季檢視與推動，達成「創意臺灣、全球布局」的願景。

　　未來幼兒教育方面，將致力提前開展幼兒潛能，建構幼兒優質環境，並扶持五歲弱勢幼兒及早教育，以培育快樂學習的幼兒；國民中小學教育方面，將全面改善國民教育環境，強調生活教育與品德教育，深化認識臺灣，並照顧好每位學生，以培育五育均衡發展的青少年。高中職教育方面，將縮小資源落差，推動優質教育，以培養出兼具本土關懷與國際視野、科技與人文素養、多元與永續思維，以及落實法制與人權能力等

特質的現代化國民；高等教育方面，將追求學術與教學創新卓
越，結合國際趨勢與經濟發展引領國力升級，以培養回饋社會、
迎向全球的人才；成人教育方面，將強化職場進修引領產業升
級，強化學習社會體系形塑終身學習社會，讓每個人都成功，
培養各盡其才的社會中堅。

重點整理：2005-2008 年教育施政主軸
願景：創意臺灣、全球布局～～培育各盡其才新國民

綱　領	策　略
1 現代國民	11 提高語文能力 12 均衡人文與科技 13 強化多元與普級
2 臺灣主體	21 發揚臺灣特色 22 尊重多元文化 23 引領國力升級
3 全球視野	31 推動教育國際化 32 展現創意與特色 33 擴大雙向留學
4 社會關懷	41 扶助經濟弱勢 42 輔助學習弱勢 43 縮短區域落差 44 強化責任教育
行動方案	行動方案
111 推動師生英檢 112 提升國家語文能力 121 建構數位化學習環境 122 推動科學教育 131 強化美育教育	311 推動中等以上學校國際化 312 增進高等教育與經濟發展及 　　國際趨勢結合 313 培養多樣性外語人才 321 鼓勵學校發展特色

132 強化健康與體育教育	322 追求世界級研究與教學
133 推動高中職社區化	323 調整師資培育體質
134 推動多元入學方案	331 吸引外國留學生
135 強化公民意識	332 鼓勵國外留學
211 深化認識臺灣	411 扶助高中職以上弱勢學生就
212 確立海洋臺灣的推動體系	學
221 發揚臺灣各族群文化與特點	412 扶持五歲弱勢幼兒及早教育
222 發展新移民文化	421 輔助國中以下弱勢學生學習
231 建置中小學課程體系	431 縮短中小學城鄉數位落差
232 提升教師專業素養	441 營造友善校園
233 提升學生素質	442 加強品德教育
234 建立學生能力檢測機制	
235 擘劃人才培育	
236 強化終身學習體系	

申論題：

教育部提出創意台灣全球佈局培育各盡其才新國民，教育施政主軸共有四個綱領；請就「現代國民」此綱領所提出的策略及行動方案內容申論之。(25%，94 苗縣中)
教育部未來四年施政主軸的教育核心理念？其四大綱領及策略為何？(20%，94 宜縣中)

參、九年一貫課程修訂原則

　　在吳前部長京「好事就快做」的積極態度、及回應民間教改團體及立法院附帶決議的要求之下，教育部遂於八十六年四月成立「國民中小學課程發展專案小組」，以任務編組、多元參與方式進行「國民教育階段九年一貫課程綱要」的研訂工作。其修訂的主要原則有五：重視中小學課程的一貫性與統整性；以學習領域與統整教學為原則；以基本能力為核心架構；規劃國小實施英語教學；以及縮短上課時數與建構學校本位課程。

一、重視中小學課程的一貫性與統整性

　　過去中小學課程規劃，偏向以學科取向的知識本位，在各自獨立發展的情況下，經常發生課程內容不協調、未銜接或不連貫的情形，難以達成知識的統整，也不易在日常生活中應用。因此，本次課程修訂特別強調「一到九年級課程的一貫性與統整性」，以學生的生活經驗為中心，兼顧國際化、本土化趨勢。對於人權教育、兩性平等教育、環保教育、資訊教育、宗教教育、科技教育等新興議題，亦審慎融入課程綱要中。

二、以學習領域與統整教學為原則

　　本次課程修訂特別強調「學習領域與統整教學」原則，希望藉由教師群或師生互動設計主題或大單元主題及其內容，再由教師依專長進行教學，其教學歷程則儘可能彰顯協同教學及合作學習的特色與功能，以利於統整知識概念並與生活經驗的結合。

三、以基本能力為核心架構

　　為了培養學生學以致用、解決問題與自我探索的能力，本次課程修訂以生活基本能力為主要設計理念，期望改變傳統以知識為導向的課程設計，而能邁向學生生活經驗的應用與統整，並解決過去「升學主義、偏頗智育」所帶來的教學不正常現象。專案小組為了建構適合我國中小學生的基本能力，參閱各教育先進國家（美國、英國、日本、澳洲、紐西蘭、法國、德國）的教育發展趨勢及教育改革現況，並在分析探討國內外的文獻之後，研擬適當的基本能力及評估指標，作為未來中小學生學習能力的評鑑基準。

四、規劃國小實施英語教學

　　為順應世界共同的語言趨勢，培養下一代具備國際觀的能力，在國小階段規劃開始實施英語教學，提早培育小學生具備英語聽、說的溝通能力。本部於八十七年十月成立「國民小學實施英語教學專案評估小組」，邀請語言學者專家、教育行政人員及學校代表進行評估研究，並提出國小實施英語教學的理由：「培養國際觀，提升國家競爭力；配合關鍵期，掌握學習外語的重要時機；配合九年一貫課程改革，納編國小英語之新契機；順應時代潮流，滿足社會需求」。為了避免重蹈國內英語教學的缺失——聽不懂、不敢開口，國小英語教學應徹底改變傳統英語「教」、「學」的方法。

五、縮短上課時數與建構學校本位課程

　　當前國民中小學的教育，學生所面對的是「做不完的參考書與測驗題目、不斷地考試與競賽陰影、成績等第的壓力、各

式各樣的補習、課後輔導、夜間自習」等等。中小學生的學習壓力相當沈重，加上家長的不放心與過度期待，造成了許多教育不正常現象。為了下一代的身心發展與快樂學習，本課程貫徹「減少學校上課時數、保留教學彈性」的原則，儘量提供學校發展課程特色、安排各類活動的自主空間，供學生快樂的學習。

| 30 | C | 下列何者不是九年一貫課程修訂的原則？（A）重視中小學課程統整性（B）以學習領域統整為基礎（C）延長上課時數與規劃學校本位課程（D）規劃實施國小英語教學。 |

肆、九年一貫課程綱要

一、修訂緣起

迎接二十一世紀的來臨與世界各國之教改脈動，政府必須致力教育改革，期以整體提升國民之素質及國家競爭力。

教育部依據行政院核定之「教育改革行動方案」，進行國民教育階段之課程與教學革新，鑑於學校教育之核心為課程與教材，此亦為教師專業活動之根據，乃以九年一貫課程之規劃與實施為首務。茲將本次課程改革之主要背景說明如下：

（一）國家發展的需求

盱衡世界發展情勢，國際社會已然成形，因而必須積極進行教育改革，以激發個人潛能、促進社會進步、提高國家競爭力。由於課程為學校教育的主要內容，故須不斷檢討改進，方能創造更優質的學校文化與教育成果，促進國家發展。

（二）對社會期待的回應

近年來社會各界對學校教育改革的期許頗為殷切，行政院教育改革審議委員會在教育改革總諮議報告書中，有關促進中小學教育鬆綁、帶好每位學生、改革課程與教學、提早學習英語、協助學生具有基本學力等建議，適為民意的反映，故在國民教育的改革行動中，必須進行新觀念的課程改革，以滿足社會期待。

現行國民中小學課程標準分別於八十二年及八十三年修正頒布，由於新世紀需要新的教育思維與實踐，在現行課程逐年實施之際，本部認為可同時進行下一次課程改革之規劃，以凝

聚國人對教育改革的共識與努力，進而創造學校教育的新境界。本次課程修訂分為三個階段進行，各階段的時程及主要任務如下：

1・第一階段：成立「國民中小學課程發展專案小組」（八十六年四月至八十七年九月）

(1) 研訂國民中小學課程發展及修訂的共同原則。

(2) 探討國民中小學課程共同性的基本架構。

(3) 研訂國民中小學課程應有的學習領域、授課時數比例等課程結構。

(4) 完成「國民教育九年一貫課程」總綱。

2・第二階段：成立「國民中小學各學習領域綱要研修小組」（八十七年十月至八十八年十一月）

(1) 八十七年九月總綱公布後，本部隨即著手進行第二階段的任務，並於八十七年十月成立「國民教育各學習領域綱要研修小組」，其主要任務為：

(2) 研訂「國民教育各學習領域課程綱要」。

(3) 確定各學習領域的教學目標、應培養之能力指標。

(4) 研訂各學習領域課程的實施原則。

3・第三階段：成立「國民中小學課程修訂審議委員會」（八十八年十二月至九十年八月）

4・本部於各領域綱要草案完成後，隨即於八十八年十二月成立「國民中小學課程修訂審議委員會」，其主要任務為：

(1) 審議並確認各學習領域課程綱要內容之適當性。

(2) 審議並確認國民中小學課程綱要之公布格式及實施要點。

(3) 研議並確認推動新課程之各項配合方案。

二、基本理念

　　教育之目的以培養人民健全人格、民主素養、法治觀念、人文涵養、強健體魄及思考、判斷與創造能力，使其成為具有國家意識與國際視野之現代國民。本質上，教育是開展學生潛能、培養學生適應與改善生活環境的學習歷程。因此，跨世紀的九年一貫新課程應該培養具備人本情懷、統整能力、民主素養、鄉土與國際意識，以及能進行終身學習之健全國民。故爾，其基本內涵至少包括：

1·人本情懷方面：包括瞭解自我、尊重與欣賞他人及不同文化等。

2·統整能力方面：包括理性與感性之調和、知與行之合一，人文與科技之整合等。

3·民主素養方面：包括自我表達、獨立思考、與人溝通、包容異異己、團隊合作、社會服務、負責守法等。

4·鄉土與國際意識方面：包括鄉土情、愛國心、世界觀等（涵蓋文化與生態）。

5·終身學習方面：包括主動探究、解決問題、資訊與語言之運用等。

三、課程目標

　　國民中小學之課程理念應以生活為中心，配合學生身心能力發展歷程；尊重個性發展，激發個人潛能；涵泳民主素養，尊重多元文化價值；培養科學知能，適應現代生活需要。

　　國民教育之學校教育目標在透過人與自己、人與社會、人與自然等人性化、生活化、適性化、統整化與現代化之學習領域教育活動，傳授基本知識，養成終身學習能力，培養身心充

分發展之活潑樂觀、合群互助、探究反思、恢弘前瞻、創造進取的健全國民與具世界觀之公民。為實現國民教育階段學校教育目的，須引導學生致力達成下列課程目標：

1．增進自我瞭解，發展個人潛能。

2．培養欣賞、表現、審美及創作能力。

3．提升生涯規劃與終身學習能力。

4．培養表達、溝通和分享的知能。

5．發展尊重他人、關懷社會、增進團隊合作。

6．促進文化學習與國際瞭解。

7．增進規劃、組織與實踐的知能。

8．運用科技與資訊的能力。

9．激發主動探索和研究的精神。

10．培養獨立思考與解決問題的能力。

　　為達成上述十項課程目標，以下擬具十項國民教育基本能力為指標。

四、基本能力

　　國民教育階段的課程設計應以學生為主體，以生活經驗為重心，培養現代國民所需的基本能力。

1．瞭解自我與發展潛能：

　　充分瞭解自己的身體、能力、情緒、需求與個性，愛護自我，養成自省、自律的習慣、樂觀進取的態度及良好的品德；並能表現個人特質，積極開發自己的潛能，形成正確的價值觀。

2．欣賞、表現與創新：

　　培養感受、想像、鑑賞、審美、表現與創造的能力，具有積極創新的精神，表現自我特質，提升日常生活的品質。

3．生涯規劃與終身學習：

積極運用社會資源與個人潛能，使其適性發展，建立人生方向，並因應社會與環境變遷，培養終身學習的能力。

４・表達、溝通與分享：

有效利用各種符號（例如語言、文字、聲音、動作、圖像或藝術等）和工具（例如各種媒體、科技等），表達個人的思想或觀念、情感，善於傾聽與他人溝通，並能與他人分享不同的見解或資訊。

５・尊重、關懷與團隊合作：

具有民主素養，包容不同意見，平等對待他人與各族群；尊重生命，積極主動關懷社會、環境與自然，並遵守法治與團體規範，發揮團隊合作的精神。

６・文化學習與國際瞭解：

認識並尊重不同族群文化，瞭解與欣賞本國及世界各地歷史文化，並體認世界為一整體的地球村，培養相互依賴、互信互助的世界觀。

７・規劃、組織與實踐：

具備規劃、組織的能力，且能在日常生活中實踐，增強手腦並用、群策群力的做事方法，與積極服務人群與國家。

８・運用科技與資訊：

正確、安全和有效地利用科技，蒐集、分析、研判、整合與運用資訊，提升學習效率與生活品質。

９・主動探索與研究：

激發好奇心及觀察力，主動探索和發現問題，並積極運用所學的知能於生活中。

１０・獨立思考與解決問題：

養成獨立思考及反省的能力與習慣，有系統地研判問題，並能有效解決問題和衝突。

五、學習領域

　　為培養國民應具備之基本能力，國民教育階段之課程應以個體發展、社會文化及自然環境等三個面向，提供語文、健康與體育、社會、藝術與人文、數學、自然與生活科技及綜合活動等七大學習領域。

1．學習領域為學生學習之主要內容，而非學科名稱，除必修課程外，各學習領域，得依學生性向、社區需求及學校發展特色，彈性提供選修課程。

2．學習領域之實施應以統整、協同教學為原則。其學習領域結構如下表：

年級 學習領域	一	二	三	四	五	六	七	八	九
語文	本國語文	本國語文	本國語文	本國語文	本國語文 英語	本國語文 英語	本國語文 英語	本國語文 英語	本國語文 英語
健康與體育	健康與體育	健康與體育	健康與體育	健康與體育	健康與體育	健康與體育	健康與體育	健康與體育	健康與體育
社會	生活		社會	社會	社會	社會	社會	社會	社會
藝術與人文			藝術與人文	藝術與人文	藝術與人文	藝術與人文	藝術與人文	藝術與人文	藝術與人文
自然與生活科技			自然與生活科技	自然與生活科技	自然與生活科技	自然與生活科技	自然與生活科技	自然與生活科技	自然與生活科技
數學	數學	數學	數學	數學	數學	數學	數學	數學	數學
綜合活動	綜合活動	綜合活動	綜合活動	綜合活動	綜合活動	綜合活動	綜合活動	綜合活動	綜合活動

3‧各學習領域主要內涵：

(1) 語文：包含<u>本國語文、英語</u>等，注重對語文的聽說讀寫、基本溝通能力、文化與習俗等方面的學習。

(2) 健康與體育：包含<u>身心發展與保健、運動技能、健康環境、運動與健康的生活習慣</u>等方面的學習。

(3) 社會：包含歷史文化、地理環境、社會制度、道德規範、政治發展、經濟活動、人際互動、公民責任、鄉土教育、生活應用、愛護環境與實踐等方面的學習。

(4) 藝術與人文：包含<u>音樂、視覺藝術、表演藝術</u>等方面的學習，陶冶學生藝文之興趣與嗜好，俾能積極參與藝文活動，以提升其感受力、想像力、創造力等藝術能力與素養。

(5) 自然與生活科技：包含物質與能、生命世界、地球環境、生態保育、資訊科技等的學習、注重科學及科學研究知能，培養尊重生命、愛護環境的情操及善用科技與運用資訊等能力，並能實踐於日常生活中。

(6) 數學：包含<u>數、形、量基本概念之認知、具運算能力、組織能力</u>，並能應用於日常生活中，瞭解推理、解題思考過程，以及與他人溝通數學內涵的能力，並能做與其他學習領域適當題材相關之連結。

(7) 綜合活動：包含童軍活動、輔導活動、團體活動、及運用校內外資源獨立設計之學習活動。

4‧各學習領域學習階段係參照該學習領域之知識結構及學習心理之連續發展原則而劃分，每一階段均有其能力指標。茲將各學習領域階段劃分情形說明如下表：

學習領域＼年級	一	二	三	四	五	六	七	八	九
語文	本國語文	本國語文	本國語文	本國語文	本國語文	本國語文	本國語文	本國語文	本國語文
語文					英語	英語	英語	英語	英語
健康與體育	健康與體育	健康與體育	健康與體育	健康與體育	健康與體育	健康與體育	健康與體育	健康與體育	健康與體育
數學	數學	數學	數學	數學	數學	數學	數學	數學	數學
社會	生活	生活	生活	社會	社會	社會	社會	社會	社會
藝術與人文	生活	生活	生活	藝術與人文	藝術與人文	藝術與人文	藝術與人文	藝術與人文	藝術與人文
自然與生活科技	生活	生活	生活	自然與生活科技	自然與生活科技	自然與生活科技	自然與生活科技	自然與生活科技	自然與生活科技
綜合活動	綜合活動	綜合活動	綜合活動	綜合活動	綜合活動	綜合活動	綜合活動	綜合活動	綜合活動

（1）語文學習領域：

　①本國語文：分為三階段，第一階段為一至三年級、第二階段為四至六年級、第三階段為七至九年級。

　②英語：分為兩階段，第一階段為五至六年級、第二階段為七至九年級。

（2）健康與體育學習領域：分為三階段，第一階段為一至三年級、第二階段為四至六年級、第三階段為七至九年級。

（3）數學學習領域：分為四階段，第一階段為一至三年級、第二階段為四至五年級、第三階段為六至七年級、第四階段為八至九年級。

（4）社會學習領域：分為四階段，第一階段為一至二年級、第二階段為三至四年級、第三階段為五至六年級、第四階段為七至九年級。

（5）藝術與人文學習領域：分為四階段，第一階段為一至二年級、第二階段為三至四年級、第三階段為五至六年級、第四階段為七至九年級。

（6）自然與生活科技學習領域：分為四階段，第一階段為一至二年級、第二階段為三至四年級、第三階段為五至六年級、第四階段為七至九年級。

（7）綜合活動學習領域：分為四階段，第一階段為一至二年級、第二階段為三至四年級、第三階段為五至六年級、第四階段為七至九年級。

（8）生活課程：一至二年級社會、藝術與人文、自然與生活科技學習領域統合為生活課程。

六、實施要點

1．實施期程：

　　國民中小學九年一貫課程，自九十學年度起由國民小學一年級開始實施。另，國小五、六年級於九十學年度同步實施英語教學。

2．學習節數：

（1）全年授課日數以 200 天（不含國定假日及例假日）、每學期上課 20 週、每週授課 5 天為原則。惟每周上課天數應配合行政院人事行政局政府行政機關辦公日數之相關規定辦理。

（2）學習總節數分為「領域學習節數」與「彈性學習節數」。各年級每周分配情形如下表：

節數 年級	學習總節數	領域學習 節數	彈性學習 節數
一	22-24	20	2-4
二	22-24	20	2-4
三	28-31	25	3-6
四	28-31	25	3-6
五	30-33	27	3-6
六	30-33	27	3-6
七	32-34	28	4-6
八	32-34	28	4-6
九	35-37	30	5-7

（3）學校課程發展委員會應於每學年開學前，依下列規定
之百分比範圍內，合理適當分配各學習領域學習節數：

① 語文學習領域佔領域學習節數的 20%-30%。

② 健康與體育、社會、藝術與人文、自然與生活科技、
數學、綜合活動等六個學習領域，各占領域學習節數
之 10%-15%。

③ 學校應配合各領域課程綱要之內容及進度，安排適當
節數進行資訊及家政實習。

（4）每節上課以 40—45 分鐘為原則（國小四十分鐘、國中
四十五分鐘），惟各校得視課程實施及學生學習進度
之需求，彈性調節學期周數、每節分鐘數、與年級班
級的組合。

（5）「彈性學習節數」由學校自行規劃辦理全校性和全年
級活動、執行依學校特色所設計的課程或活動、安排
學習領域選修節數、實施補救教學、進行班級輔導或

學生自我學習等活動。

（6）學習活動如涵蓋兩個以上的學習領域時，其學習節數
得分開計入相關學習領域。

（7）在授滿領域學習節數的原則下，學校課程發展委員會
可決定並安排每週各學習領域學習節數。

（8）<u>導師時間及午休、清掃等時段不列在學習總節數內。</u>
有關學生在校作息及各項非學習節數之活動，由學校
自行安排。

3．課程實施：

（1）組織：

① 各校應成立「課程發展委員會」，下設「各學習領域
課程小組」，於學期上課前完成學校總體課程之規劃、
決定各年級各學習領域學習節數、審查自編教科用
書、及設計教學主題與教學活動，並負責課程與教學
評鑑。學校課程發展委員會之組成方式由學校校務會
議決定之。

② 學校課程發展委員會的成員應包括<u>學校行政人員代
表、年級及領域教師代表、家長及社區代表等</u>，必要
時得聘請學者專家列席諮詢。

③ 學校得考量地區特性、學校規模、及國中小之連貫性，
聯合成立校際之課程發展委員會。小型學校亦得配合實
際需要，合併數個領域小組成為一個跨領域課程小組。

（2）課程計畫：

① 學校課程發展委員會應充分考量學校條件、社區特
性、家長期望、學生需要等相關因素，結合全體教師
和社區資源，發展學校本位課程，並審慎規劃全校總
體課程計畫。

② 學校課程計畫應依學習領域為單位提出，內容包涵：「學年／學期學習目標、單元活動主題、相對應能力指標、時數、備註」等相關項目。

③ 有關兩性、環境、資訊、家政、人權、生涯發展等六大議題如何融入各領域課程教學，應於課程計畫中妥善規劃。

④ 各校應於每學年開學前一個月，將整年度學校總體課程計畫送所轄教育行政主管機關備查後，方能實施。

（3）選修課程：

① 各國民中小學應針對學生個別差異，設計選修課程，供不同情況之學生學習不同之課程。

② 學生選修各類課程，應考量本身學力程度及領域間之均衡性，惟選修時數仍受各領域比例上限之規範。

③ 國小一至六年級學生，必須就閩南語、客家語、原住民語等三種鄉土語言任選一種修習，國中則依學生意願自由選習。學校亦得依地區特性及學校資源開設閩南語、客家語、原住民語以外之鄉土語言供學生選習。

④ 學校可視校內外資源，開設英語以外之第二外國語言課程，供學生選習。其教學內容及教材得由學校自行安排。

（4）在符合領域學習節數的原則下，學校得打破學習領域界限，彈性調整學科及教學節數，實施大單元或統整主題式的教學。

4．教材編輯、審查及選用：

（1）國民中小學教科用書應依據課程綱要編輯，並經由審查機關（單位）審定通過後，由學校選用。審查辦法及標準由教育部另定之。

（2）學校得因應地區特性、學生特質與需求，選擇或自行編輯合適的教科用書和教材，以及編選彈性學習時數所需的課程教材。惟自編教科用書應送交「課程發展委員會」審查。

5・課程評鑑：

（1）評鑑範圍包括：課程教材、教學計畫、實施成果等。

（2）課程評鑑應由中央、地方政府分工合作，各依權責實施：

 ① 中央：建立各學習領域學力指標，並督導地方及學校課程實施成效。

 ② 地方政府：負責辦理與督導學校舉辦各學習領域表現測驗。

 ③ 學校：負責課程與教學的評鑑，並進行學習評鑑。

（3）評鑑方法應採多元化方式實施，兼重形成性和總結性評鑑。

（4）評鑑結果應做有效利用，包括改進課程、編選教學計畫、提升學習成效，以及進行評鑑後的檢討。

6・教學評量：

（1）有關學生之學習評量，應參照學生成績評量準則之相關規定辦理，其辦法由教育部另定之。

（2）教育部為配合高中職多元入學制度之推動，應參酌本課程綱要內容舉辦「國民中學基本學力測驗」，據以檢視學生學習成效，其分數得作為入學之參據。

（3）有關國民中學基本學力測驗之編製、標準化及施測事宜，應參照國民中小學暫行課程綱要之能力指標及相關法令之規定辦理。

7．師資培訓：

（1）師資培育機構應依師資培育法之相關規定，培育九年一貫課程所需之師資。

（2）縣市政府及各校應優先聘用通過教育部「國小英語教學師資 檢核」、且取得國小教師資格之教師擔任國小五、六年級英語教學。

（3）國民中小學九年一貫課程教師登記辦法，由教育部另定之。

8．行政權責：

（1）地方政府：

① 各級政府應編列預算，進行以下工作：

A. 辦理教育行政人員、學校校長、主任、教師等新課程專業知能研習。

B. 製作及配發相關之教具與媒體，購置教學設備及參考圖書。

C. 補助學校進行課程、教學法之行動研究工作。

D. 成立各學習領域教學輔導團，定期到校協助教師進行教學工作。

② 地方政府得依地區特性及相關資源，發展鄉土教材，或可授權學校自編合適的鄉土教材。

③ 地方政府除應備查學校課程計畫外，並應督導學校依計畫進行教學工作。

④ 配合地區與家長作息特性，訂定「國民中小學學生在校時間」之實施規定。

（2）中央政府：

① 教育部應研擬並積極推動新課程實施之配套措施，以協助新課程之實施。

② 將學習領域課程綱要上網，提供各界參考。

③ 協調師資培育機構培育新課程之師資，並進行新課程種子教師培訓工作。

④ 配合新課程之推動，檢討修訂現行法令要點，並增訂相關法規。

9・附則：

（1）特殊教育班之課程實施，仍依特殊教育法之相關規定辦理。

（2）各領域教學之實施細節，請參照各學習領域綱要所明列之實施要點辦理。

【社會科之九大主題軸】

第一軸「人與空間」與第二軸「人與時間」構成了人類的座標系統。宇宙萬物的變化皆發生在此一座標系統當中，但變化之中又有其穩定與規律之處	第三軸「演化與不變」構成了基本的宇宙觀，此一宇宙觀自然會影響人類對自我、社會、政治、經濟、文化、與整體生活世界的看法。	
當座標和宇宙觀定位之後，我們再從人類的主體性出發，首先探索「意義與價值」（第四軸）	然後踏出自我，進入一般社會生活層面思考「自我、人際與群己」之間的互動關係（第五軸）	跟著就進入政治與法律等生活層面，探討「權力、規則與人權」（第六軸）
進入經濟與商業等生活層面，探討「生產、分配與消費」（第七軸）	進入當代文化生活的重要層面，探討「科學、技術、與社會」（第八軸）	所有的生活都關連在一起，彙整成地球村的生活，歸結到第九軸「全球關連」。

　　班級經營要融入六大議題，以目前的國中小教學情境而言，可以參考的原則如下：（當班級經營融入六大議題，李玲惠等，2002.9）

◎ 人權教育

　　人權教育的中心思想是不斷的探索尊重人類尊嚴和人性的行為法則，「尊重」是人權的基本概念，教師要著重在認知、情意與行為三方面，讓學生對人權有一恆久、正向且一致的態度取向，將人權內化為普通常識與生活習慣。班級幹部的選舉、班規的訂定等，都是可以實施人權教育的良機。

◎ 兩性教育

　　兩性教育的核心能力應包含「兩性的自我瞭解」、「兩性的人我關係」、「兩性的自我突破」。學校教育方面，除了要建構兩性平等的學校文化與環境，加強培養教師正確的兩性觀念外，班級經營也應運用團體動力原則，製造兩性平等的班級氣氛，以及可將正確兩性觀念轉化為行動能力的機會。

　　目前的國中小學校，大多是男女同校、男女合班，班級與學校是可以天天實施兩性教育的最佳情境。

◎ 資訊教育

　　資訊教育的目標不僅是教會學生使用電腦，而是培養學生資訊擷取、應用與分析、創造思考、問題解決、溝通合作的能力與終身學習的態度。在課程規劃上，宜兼顧認知、情意、技能三方面，而班級經營更可配合學校本位課程、主題教學，製造資訊教育的學習契機。

◎ 生涯教育

將生涯發展的概念融入教導與學習活動中，可以讓學生的視野從學術世界延伸到工作世界，學生可藉此一並學習學術與職業有關的基本能力。班級是學校組織運作中的一個基本單位，將班級視為一個小型社會，透過活動設計，培養學生自我覺察、生涯覺察及生涯規劃的能力。

◎ 家政教育

國民教育階段的課程設計，應以學生為主體、以生活為重心，「家政教育」關心的是日常生活問題的解決，是一整合而實用的課程，教師的活動設計，要兼顧「理性」與「感性」，讓學生在體驗實際生活中，學習基本生活知能，並建立正確的消費、環境、休閒價值觀。

◎ 環境教育

環境教育著重的是概念認知與價值澄清的過程，除了培養學生有環境的覺知、環境的敏感度外，最重要的是，學生要具備環境行動的能力，所以，透過班級經營，教師宜加強教學內容的生活化，讓學生將環境行動經驗融入於學習活動中，以培養學生處理生活周遭問題的能力，使學生對社區更有歸屬感、參與感，教室內的小角落中，垃圾分類、資源回收不就是很好的教材嗎？

重點整理：九年一貫課程綱要

九年一貫課程帶來前所未有的衝擊，例如課程權責的下放，造成學校負擔加重、學校本位課程，被誤認為學校要發展

所有教材、課程統整，讓學校以為所有的領域都要統整、教科書多元化，產生書商的激烈競爭等。因此，所有的教師甄試試題，均將此議題列為必考範圍，所有的綱要內容，均有機會成為命題所在。

31	D	最新的《國民中小學九年一貫課程綱要》是在民國哪一年公布的？（A）87（B）90（C）91（D）92。
32	C	哪一個學年度畢業的國小學生，一至六年級均接受國民中小學九年一貫課程暫行綱要或課程綱要的內涵？（A）93學年度（B）94學年度（C）95學年度（D）96學年度。
33	1	九年一貫課程在那一年自小學至國中九個年級全面實施：①民國93年　②民國92年　③民國91年　④民國90年　。
34	B	九年一貫課程在哪一學年度正式實施？（A）89（B）90（C）91（D）92
35	C	國民中學九年一貫課程於哪個學年度真正做到全面實施？（A）91學年度（B）92學年度（C）93學年度（D）94學年度。
36	A	九年一貫課程的能力指標轉化，意思將指標轉化為（A）學習目標（B）學習成果（C）基本能力測驗（D）以上皆是
37	2	九年一貫課程的課程目標總共有幾項？①5項②10項③15項④20項。
38	1	以下對九年一貫課程特色的敘述何者正確？①注重學生基本能力培育②強調分科知識的重要性③抽象課程目標④重視政治意識課題。
39	2	國民中小學九年一貫課程綱要中規定，學校應於何時將整學年度學校總體課程計畫送所轄教育行政主管機關備查後，方能實施？（1）開學後一個月（2）開學前一個月（3）開學前二週（4）開學後二週。

40	3	以下有關九年一貫課程的敘述何者正確？①九年一貫課程改革的重點在強調學科結構課程，將學者認為有用的知識傳授給學生②生活領域課程係指一至二年級的社會、健康與體育、自然與生活科技三學習領域的統合課程③本國語文學習領域分為三個學習階段④「彈性學習節數」不得少於每週學習總節數的百分之二十五。
41	D	何者並非社會領域的九大主題軸之一？（A）全球關聯（B）權力、規則與人權（C）演化與不變（D）社會參與
42	B	九年一貫課程中學校內課程決定的最高組織是？（A）教務處（B）課程發展委員會（C）校務會議（D）教師會
43	D	學校課程發展委員會的成員不包括 （A）校長（B）家長（C）教師（D）教育局人員
44	D	依據教育部公布的「國民中小學九年一貫課程綱要」規定，人權的基本概念與核心價值為何？（A）權利和義務（B）自由和平等（C）互惠和責任（D）尊重和包容
45	C	依據九年一貫課程綱要的規定，「(1)從藝術的探索、欣賞與表現活動當中，覺知個人與環境的關係，感受創作的喜悅與樂趣，並豐富個人的心靈生活。(2)透過生活體驗，覺察自己的成長、潛能、身心健康、以及自主能力。」屬於何種的課程目標？（A）國語（B）社會（C）生活（D）藝文
46	2	九年一貫課程十大基本能力中，「促進文化學習與國際瞭解」是屬於以下何種課程目標？①人與自己②人與社會③人與自然④人與文化。
47	1	「瞭解自我」屬於九年一貫中的哪一個基本內涵？①人本情懷②統整能力③民主素養④終身學習。

48	D	依據九年一貫課程綱要的規定，「以探究和實作的方式來進行，強調手腦並用、活動導向、設計與製作兼顧及知能與態度並重。」為規劃何種課程必備的基本認識？（A）數學（B）社會（C）藝術與人文（D）自然與生活科技
49	D	依據九年一貫課程綱要的規定，何種課程的內涵包括認識自我、生活經營、社會參與、保護自我與環境等四大主題軸？（A）藝術與人文（B）社會（C）自然與生活科技（D）綜合
50	3	國民中小學九年一貫課程綱要中，將學習領域階段劃分為三階段的是（1）本國語文、綜合活動（2）健康與體育、數學（3）本國語文、健康與體育（4）英語、數學。
51	B	依據九年一貫課程綱要的規定，「能進行網路基本功能的操作；認識網路規範，瞭解網路虛擬特性，並懂得保護自己。」屬於哪一個年級學生的課程內容？ （A）一、二（B）三、四（C）五、六（D）七、八
52	B	依據臺北縣各級學校學生申訴評議委員會的規定，當學生及其父母或監護人對於學校行政單位或教師有關學生個人之管教措施認為違法或不當，致其權益受損，應於該事件發生之次日起多少日內以書面向學校申評會提出申訴？ （A）七（B）十（C）十五（D）卅
53	3	根據九年一貫課程綱要的規定，全年授課天數以幾天為原則？①180 ②190 ③200 ④210。
57	A	根據國民中小學課程綱要的規定，全年授課時數以多少天為原則？（A）200 天（B）210 天（C）214 天（D）220 天。
55	③	國民中小學九年一貫課程綱要規定，國民小學一年級每週可安排幾節的彈性學習節數課程？①1~3 節 ②2~3 節 ③2~4 節 ④3~6 節。

56	④	有關教育部的幼兒英語教育政策，下列敘述何者適切？①可經由補習班仲介外籍教師 ②採雙語或全英語教學 ③採分科教學 ④採融入式教學。
57	B	依據教育部現行規定，國小從哪一年級開始教英語？ ①一年級②三年級③五年級④六年級。
58	D	生活課程是低年級課程的重大改變，下列哪一項不是它的重要精神？（A）統整自然與生活科技、藝術與人文、社會（B）是全新的組合（C）強調主題軸的學習（D）重視教材綱要（E）透過具體活動來實施。
59	E	哪一項課程不包含在九年一貫課程綱要的重大議題內？（A）性別平等教育（B）資訊教育（C）環境教育（D）人權教育（E）統整教育。
60	D	九年一貫課程實施中，進行學習評鑑的是（A）中央政府（B）地方政府（C）學校（D）教師（E）專業機構。
61	2	九年一貫課程中「家政活動」屬於七大領域中的哪一領域？①健康與體育②綜合活動③藝術與人文④生活。
62	C	九年一貫課程中「團體活動」屬於七大領域中的哪一領域？（A）生活（B）健康與體育（C）綜合活動（D）社會（E）藝術與人文。
63	E	目前九年一貫課程中「一綱多本」的「綱」是指？（A）辦學綱要（B）教學綱要（C）課程標準（D）設備標準（E）課程綱要。
64	B	現行的國民中小學九年一貫課程，其基本教學節數占總節數之百分比為多少？（A）七十（B）八十（C）九十（D）六十
65	4	九年一貫課程的彈性教學節數大約佔總節數的百分之多少？①80%　②60%　③40%　④20%。

66	B	部頒九年一貫課程綱要中，彈性教學時間佔總教學節數中的比例為（A）10%（B）20%（C）30%（D）40%（E）由學校彈性調整。
67	A	九年一貫課程綱要中規定國小階段的選修時數占基本教學節數之比率為何？（A）10%~20%（B）20%~30%（C）30%~40%（D）40%~50%
68	A	九年一貫課程標準之基本教學節數佔總教學節數百分之多少？（A）八十（B）六十（C）七十（D）九十。
69	1	何者決定各年級各學習領域的學習節數？（1）課程發展委員會（2）教師評審委員會（3）校務會議（4）行政會議。
70	B	下列何者不屬於九年一貫課程綱要所指的「六大議題」？（A）環境教育（B）生命教育（C）人權教育（D）兩性教育。
71	C	九年一貫課程的時數分配除語文領域外，其他六個領域的授課時數比重為多少？（A）5%到15%（B）8%到12%（C）10%到15%（D）12%到18%。
72	B	依九年一貫課程的規劃，小學生何時開始上鄉土語言課程？（A）三年級（B）一年級（C）五年級（D）依縣市政府政策
73	D	九十二年公佈的數學學習領域，九年一貫課程綱要中，第一階段是指（A）一、二年級（B）三、四年級（C）五、六年級（D）一至三年級（E）一至四年級。
74	B	九年一貫課程的數學領域第二階段是指（A）三、四年級（B）四、五年級（C）五、六年級（D）三至五年級
75	D	人權教育應在那個學習領域實施（A）社會（B）綜合活動（C）藝術與人文（D）任何領域皆可
76	D	下列何者屬於九年一貫課程中的六大議題？（A）生命教育（B）媒體教育（C）安全教育（D）人權教育

77	C	九年一貫課程的六大議題有資訊教育、兩性教育、人權教育，另外還有那三種教育？（A）生命教育、環境教育、家政教育（B）生命教育、家政教育、鄉土教育（C）環境教育、生涯發展教育、家政教育（D）生命教育、生涯發展教育、鄉土教育。
78	C	資訊融入教學的主要意義在於　（A）教學中使用電腦（B）透過網路學習（C）以資訊科技增進學習（D）多媒體互動學習
79	D	何者不是資訊教育的主要目標？　（A）學習資訊倫理（B）培養蒐集與分析資料的能力（C）啟發終生學習的態度（D）學習電腦軟硬體設計的能力
80	C	資訊教育在九年一貫課程中是包含於下列那一部分？（A）生活課程　（B）自然與生活科技領域　（C）重大議題　（D）綜合活動領域
81	A	教科書的選用應由學校哪一個會議訂定選用辦法？　（A）校務會議（B）課程發展委員會（C）教務會議（D）教科書選用小組會議
82	C	現今學校自編教材應送交那個單位審查？　（A）縣市教育局（B）國立編譯館（C）學校課程發展委員會（D）校內領域課程小組
83	1	學校總體課程計畫應由下列那一個單位或組織議決：①課程發展委員會　②學習領域課程小組　③校務會議 ④學年課程小組。
84	C	九年一貫課程中，自編教材是由哪一個單位負責審查？（A）教育部國教司（B）教育部國教輔導團（C）各校課程發展委員會（D）各校學習領域課程小組。
85	C	實施九年一貫課程，各校應組織統籌何種委員會，以審查各年級的課程計畫？（A）課程規劃委員會　（B）課程評審委員會（C）課程發展委員會　（D）課程審議委員會

86	4	教育部最近所公佈國民中小學一貫課程綱要，包括幾大領域？擬培養學生幾項能力？（1）三大領域；五項能力 （2）五大領域；七項能力 （3）五大領域；十項能力 （4）七大領域；十項能力 。
87	3	學校依本位課程特色自編教科用書應送交下列那一單位審查：①教育部 ②教育局 ③學校課程發展委員會 ④校務會議。
88	4	九年一貫課程包含七大學習領域，請問何者<u>不屬於</u>七大學習領域？（1）綜合活動 （2）藝術與人文 （3）數學 （4）資訊教育。
89	A	九年一貫新課程總目標共提出幾大基本能力：（A）十（B）九（C）八（D）七。
90	1	國民中小學九年一貫課程綱要中，對於課程評鑑的規定，學校應負責（1）課程與教學的評鑑，並進行學習評鑑（2）建立各學習領域學力指標（3）督導課程實施成效（4）督導舉辦各學習領域表現測驗。
91	1	依教育部九十二年所公佈的「國民中小學九年一貫課程綱要」內容，哪一項課程評鑑工作屬於學校的權責？（1）進行學習評鑑 （2）建立各學習領域學力指標 （3）建立並實施課程評鑑機制 （4）評鑑學校課程實施成效。
92	3	為選用優良的國小教科書版本，應由學校何種會議訂定辦法公開遴選？①學年會議②校務會議③課程發展委員會議④行政會議。
93	C	學校得因應地區特性、學生特質與需求，選擇或自行編輯合適的教材，惟全年級或全校且全學期使用之自編自選教材，應送交哪一個單位審查？（A）國立編譯館（B）直轄市、縣（市）政府教育局國民教育輔導團（C）學校課程發展委員會（D）學

		校校務會議。
94	3	依教育部九十二年所公佈的「國民中小學九年一貫課程綱要」內容,審查自編教科書用書屬哪一單位的權責? (1)國立編譯館 (2)教育局 (3)學校課程發展委員會 (4)各縣市輔導團。
95	2	依教育部九十二年所公佈的「國民中小學九年一貫課程綱要」內容,國小一、二年級語文領域學習節數得併用哪一部分的學習節數彈性實施? (1)彈性學習節數 (2)生活課程 (3)綜合活動 (4)健康與體育。
96	3	依教育部九十二年所公佈的「國民中小學九年一貫課程綱要」內容,有關統整與協同的敘述,哪一陳述正確? (1)學習領域之實施應以統整、協同教學為原則 (2)學習領域之實施應以統整、合科教學為原則 (3)學習領域之實施應掌握統整之精神,並視學習內容之性質實施協同教學 (4)學習領域之實施應掌握統整之精神,並視學習領域之性質實施協同教學。
97	1	教育部委託進行「我國五歲幼兒基本能力與學力指標建構研究」,關於該研究,請問下述何者為「是」? (1)所謂基本學力,是指學習者在該階段各個領域所應達成的學習或行為表現;(2)此等研究是為了建立常模,為國幼班實施後規劃統一教材所需;(3)建立基本能力門檻,未能達成則暫緩進入國民教育;(4)該等研究已建立我國幼兒的發展常模。
98	B	學校在課程安排上,該排哪些科目及多少時數,其依據為何者?(A)課程目標(B)課程標準 (C)國民教育法 (D)教師法。
99	A	九年一貫課程政策之實施,主要目的不包括下列哪一項?(A)增加家長與學生相處機會,提高其對子女學業的參與 (B)降低各年級上課時數,減輕學生負擔 (C)推動學校本位的課程

		設計 （D）提升教師的專業自主能力。
100	4	請問下列何者不是推動實施九年一貫課程的主要原由？（1）提升國家競爭力 （2）回應教改諮議報告書的建議 （3）落實立法院的附帶決議 （4）進行課程實驗
101	D	以下何者錯誤？（A）基本學力是在基本能力為基礎的前提下，學習者在某一階段所應達成的學習與行為表現 （B）基本能力不易全面具體測量，基本學力則必須明確、具體而可測 （C）建構基本能力與基本學力對幼兒及社會必須是合適而重要的 （D）基本學力指引整體課程規劃的方向，基本能力規範教學活動必須達成的學習結果。
102	A	依據教育部 92 年 1 月 15 日所公布的「國民中小學九年一貫課程綱要」內容，建立並實施課程評鑑機制屬哪一層級的權責？（A）中央（B）地方政府（C）學校（D）教師。
103	1	下列何者是九年一貫課程所強調的教育精神：①人文教育 ②生活教育 ③道德教育 ④生命教育。
104	1	部頒九年一貫課程綱要中，彈性教學時間佔總教學節數中的比例為 ①20% ②30% ③40% ④由學校彈性調整。
105	4	國民中小學九年一貫課程暫行綱要規定，語文學習領域佔領域學習節數的：①10%-15% ②15%-25% ③20%-25% ④20%-30%。
106	1	九年一貫課程中彈性教學節數，應佔總教學節數的比例是百分之？①20 ②25 ③30 ④35
107	4	請問下列何者不是推動實施九年一貫課程的主要原由？ （1）提升國家競爭力 （2）回應教改諮議報告書的建議 （3）落實立法院的附帶決議 （4）進行課程實驗。
108	3	實施九年一貫課程，各校應組織什麼委員會，以審查各年級的課程計畫？①課程規劃委員會 ②課程評審委員會 ③課程發展

		委員會　④課程指導委員會。
109	4	教育部於民國八十七年公佈「國民教育階段九年一貫課程總綱綱要」，下列哪一項不是其課程目標？（1）以生活為中心，配合學生身心能力發展歷程。（2）尊重個性發展，激發個人潛能。（3）涵泳民主素養，尊重多元文化價值。（4）培養道德良知，適應社會群體生活。
110	3	九年一貫課程是國民教育教育改革的重大工程，國中小學九個年級預定於哪一學年度起全面實施？（國立教育資料館）（1）九十一學年度　（2）九十二學年度　（3）九十三學年度　（4）九十四學年度。
111	3	九年一貫課程在小學低年級把除了本國語文、健康與體育、數學及綜合活動之外，另外的幾個領域歸納成：①社會領域　②藝文領域　③生活課程　④自然領域。
112	2	九年一貫課程在國小階段輔導活動包含在那一學習領域內：①生活課程　②綜合活動　③健康與體育　④社會。
113	1	國民中小學九年一貫課程共提出幾項重大議題：①六　②七　③九　④十。
114	4	國民教育九年一貫課程中的六大議題，不包括下列哪一項？（1）人權教育　（2）兩性教育　（3）環境教育　（4）生命教育。
115	B	有關九年一貫課程綱要中能力指標之敘述，下列哪一項並不適用？（A）能力指標係配合十大基本能力敘寫（B）能力指標係依據學生修讀年級敘寫（C）能力指標係依學生學習階段敘寫（D）七大學習領域能力指標所依據之學習階段區分不盡相同。
116	C	「國民中小學九年一貫課程綱要」規定各校成立學習領域小組，下列何者不是成立原則？（A）依專長分組（B）跨年級分組（C）各組人員不可重覆（D）縱向規劃各年級領域課程計畫。

117	B	下列何者是九年一貫課程的特色？（A）增加各年級的上課時數（B）課程、教學與評量間有充分完整的配合（C）分科教學（D）中央集權的課程行政。
118	4	國民中小學九年一貫課程綱要規定學校需成立「學校課程發展委員會」，該會的組成成員<u>不包括</u>下列何者？（1）級任教師代表；（2）家長代表；（3）學校行政人員代表；（4）教育局代表。
119	D	九年一貫課程綱要中分層次指出課程目標，其中將成為自編教材與審查教科書最具體依據的是：（A）五大理念　（B）十大課程目標（C）十大基本能力（D）各學習領域的分段能力指標。
120	1	國民小學學校教科書之選用，應由學校那一個會議訂定選用辦法？（1）校務會議；（2）行政會議；（3）教務會議；（4）教科書選用小組會議。
121	B	現行國民中小學課程綱要是由：（A）行政院　（B）教育部　（C）國立編譯館　（D）教育廳　所頒行。
122	D	下列何項並非九年一貫新課程強調的重點？（A）課程綱要取代課程標準　（B）學生學習中心取代學科本位教學　（C）學校本位取代統一課程設計　（D）多元智慧取代共同基本能力。
123	D	下列何者不是九年一貫課程綱要的主要理念與內涵？（A）以領域取代先前的學科和科目，並將學習內容化分成七大領域（B）規定學校必須設立「學校課程發展委員會」（C）以「人」為中心，規劃新世紀國民需具備的十項「基本能力」（D）以學期為單位，將總時數區分成「學校行事節數」與「班級彈性授課節數」，並規定全國學校統一的每週授課節數。
124	C	九年一貫課程政策，是教育改革工程的重大環節之一。下列何者不是九年一貫課程的主要特色？（A）鬆綁課程規範　（B）發展學校本位課程　（C）加強教師知識傳遞　（D）融入社會新

		興議題。
125	D	根據我國《國民中小學九年一貫課程綱要》規定，學校課程計畫應依何者為單位提出？ A. 課 B. 單元 C. 學生 D. 學習領域
126	B	下列何者不屬於九年一貫課程六大議題： A.家政教育 B.英語教育 C.兩性教育 D.人權教育
127	1	現行國中小課程標準是由： （1）行政院 （2）教育部 （3）國立編譯館 （4）教育廳所頒行
128	4	依據國民中小學九年一貫課程綱要規定，下列哪一種時間，不列入「彈性學習節數」的時間？（1）補救教學時間（2）班級輔導時間（3）學生自習時間（4）導師時間。
129	B	九年一貫課程的理念以何者為中心？（A）學術（B）學習（C）生活（D）生態。
130	②	下列何者非屬九年一貫課程中的六大議題範疇？①兩性教育②和平教育 ③資訊教育 ④家政教育。
131	①	九年一貫課程的實施，主要目的不包括下列哪一項？①增加家長與學生的相處機會②推動學校本位課程設計 ③提升教師的專業自主 ④降低各年級的上課時數，減輕學生負擔。
132	BD	教育部將引進外籍人士擔任國民中小學外語教師，下列有關敘述何者為正確？ （A）只有私立學校可聘任外籍教師 （B）外籍教師聘任前應具備相關教學經驗 （C）教學應以外籍教師為主，本國教師為輔 （D）外籍教師的聘任以偏遠地區學校為優先。（複選題）
133	C	依據九年一貫課程綱要，負責辦理課程與教學的評鑑，並進行學習評鑑的是哪個機構？（A）教育部 （B）縣市政府教育局 （C）學校 （D）國立教育研究院籌備處。

填充題：

134	學者專家	國民中小學九年一貫課程綱要中規定，學校課程發展委員會的成員應包括學校行政人員代表、年級及教師領域代表、家長及社區代表等，必要時得聘請_____列席諮詢。
135	開學前	根據教育部於民國九十二年所公布的國民中小學課程綱要的規範，「各校應於□□□□□，將學校課程計畫送所轄教育行政主管機關備查」。
136	開學兩週內	根據教育部於民國九十二年所公布的國民中小學課程綱要的規範，「學校應於□□□□□，將班級教學活動之內容與規劃告知家長」。
137	200/20	國民中小學九年一貫課程綱要中規定，全年授課日數以____天、每學期上課____週，每週授課五天為原則。
138	200 天	九年一貫課程暫行綱要規定，全年授課天數以【　　】為原則。
139	綜合活動	九年一貫課程中的「童軍活動」屬於七大學習領域中的哪一領域？
140	生涯教育	九年一貫課程的議題包括：兩性教育、環保教育、資訊教育、人權教育、家政教育、_____。
141	資訊／家政／生涯發展	國民中小學九年一貫課程所列舉的六個重大議題是：兩性教育、人權教育、環境教育、□□教育、□□教育和□□教育。
142	兩性／人權／環境	九年一貫課程中必須將【　】、環境、【　】、家政、【　】、生涯發展等六大議題融入各領域課程教學。
143	人與時間／演化與不變／意義	國民中小學九年一貫課程社會學習領域內的九大主題軸是：(1)人與空間；(2)□□□□(3)□□□□(4)

	與價值	（5）自我、人際與群己；（6）權力、規則與人權；（7）生產、分配與消費；（8）科學、技術和社會；（9）全球關連。
144	健康與體育／藝術與人文／社會／自然與生活科技及綜合活動	87年公布之「國民教育階段九年一貫課程綱要」中訂定各學習領域主要內涵為：語文、□□、□□、□□、數學、□□與等七項。
145	量基本概念／運算能力／組織能力	國民中小學九年一貫課程數學課程綱要裡的五大主題軸，分別是數與量、圖形與空間、__(2)__、__(3)__和__(4)__。
146	35-37	九年一貫城中規定國中三年級（九年級）每週學習總節數為□□節。
147	童軍活動／輔導活動／團體活動／學習活動	九年一貫課程之學習領域中，綜合活動的課程包括□□、□□、□□與□□。

簡答題：

國民中小學九年一貫課程綱要所列舉的六大重要議題為何？
國民教育九年一貫課程六大議題採取融入各領域課程中進行教學，請寫出此六大議題。
國民中小學九年一貫課程綱要中規定十大課程目標，除了激發主動探索和研究的精神、運用科技與資訊的能力之外，還有哪八項課程目標？
國民中小學九年一貫課程暫行綱要指出學校本位課程之發展應考量那些因素？ 答：【學校條件、社區特性、家長期望、學生需求】
國民中小學九年一貫課程暫行綱要規定『彈性學習節數』如何使用？ 答：【由學校自行規劃辦理全校性和全年級活動、執行依學校特色所設計的課程或活動、安排學習領域選修節數、實施補救教學、進行班級輔導或學生自我學習等活動。】

伍、教育部九年一貫課程與教學深耕計畫

資料來源：教育部（93.03.24　訂定）

一、計畫緣起與目的

九年一貫課程之推動，強調以學校為課程發展的基地出發，落實之道必須結合專家、學者、行政人員、教師、家長所形成之教育新團隊，發展課程策略，建構學校的課程藍圖，共同規劃適合學生學習之課程。

推動課程改革之過程體現政策的落實是需要時間、是需要深入校園提供學校與教師服務的、是需要具師資培育功能的大學與國民中小學建立較長期的夥伴關係的、更是需要集結更多的家長、社區與社會資源的，基於以上理由，為使九年一貫課程之推動，能於學校文化的脈絡中深耕，透過教育專業社群的概念，以大學和國民中小學及社會三層面攜手合作，形塑國民中小學校園之專業文化，爭取家長社區的協助，精進教師的教學及學生的有效學習，特提出此計畫。

二、總目標

結合中央與地方、師資培育之大學與學校並爭取民間企業及相關團體的支援，以教育專業社群的概念，促使學校成為課程發展的基地、校長成為學校的課程領導者、教師成為課程的發展者與執行者、家長成為課程發展的合作者、民間組織及企業成為教育專業的支持者、教育行政人員成為課程改革的規劃者與管理者、其最終目的是使全國三千三百所國民中小學都成為課程規劃的主體，發展適合學生學習的課程，落實九年一貫課程之理想把每個孩子帶上來。

三、分年目標

本計畫計分三個子計畫分別為：學校與教師之服務計畫、大學與中小學之携手計畫、政府與民間之合作計畫。

（一）學校與教師服務計畫

1・第一年培育課程與教學深耕團隊五百位（內含課程督學二十五—五十名）。

2・第二年培育課程與教學深耕團隊二百五十位。

3・第三年培育課程與教學深耕團隊二百五十位（視實際需得提前一年辦理）。

4・每年服務全國三分之一的學校分三年完成。

（二）大學與中小學攜手計畫

分三年期程達成總目標，每一年參與校數為各縣（市）的10 %，師範校院每校每年至多以八案，設有教育學程中心、師資培育中心之大學每校每年至多以二案，各國立實驗中小學每校每年以一案。共同參與大學與中小學攜手計畫，深耕校園。

（三）政府與民間合作計畫

三年之期程以準備期→試辦期→推廣期以達到總目標。

四、補助對象

教育部所屬單位、直轄市政府教育局、縣（市）政府、師資培育之大學（含師院附設中小學、國立新竹科學園區國中部）、教師會、家長會、民間機構、企業團體。

五、深耕實施期程

　　本計畫自二〇〇三年一月起至二〇〇六年七月止總計三年半，分三年半期程達成總目標。

六、以三大主軸為核心訂定課程與教學深耕整體之關係圖

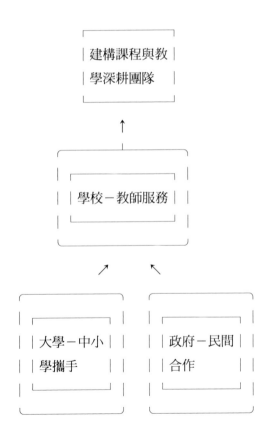

七、經費概算及來源

　　本計畫計分三項子計畫分別由補助對象提出經費需求，經本部審查後核實支應。

八、整體預期成效

（一）以三項子計畫深耕校園，建構以學校為課程發展的基地。
（二）讓老師真正成為課程發展的主角，並獲得教育部、師資培育之大學、教育局、學校社區及民間之支援，使課程發展永續經營，創新教學有效學習。

九、三大計畫及補助要點

子計畫一：培育課程與教學深耕種子團隊－學校與教師之服務計畫及補助要點

（一）依據

　　92 年 1 月 15 日發布之國民中小學九年一貫課程綱要辦理。

（二）目標

　　培訓課程與教學深耕種子團隊以強化縣（市）國教輔導團並到校服務，深入學校文化脈絡，帶動學校課程規劃、發展、實施與評鑑進而提升教學效能。

1・提升課程與教學深耕種子團隊、地方（縣（市））教學輔導團之專業素養。
2・針對地方與學校行政、課程、教學、評量遭遇問題，提出務實之具體解決策略或示例。
3・激發國中小菁英與教學輔導團投入課程、教學、評量、行

動研究之熱忱與具體行動。

4・實際協助國中小解決九年一貫課程實施問題，化解執行困境。

（三）原則

1・人才本位：秉持「人才在中央」、「人才在地方」理念，由「深耕」而「生根」培育縣（市）菁英人才，成為縣（市）推動課程改革之主力。

2・學校本位：秉持「人才在中央」、「人才在地方」、「人才在校」理念，推動以學校為基地之自我成長模式，激勵教師自主學習與終身學習。

3・教師中心：傾聽、關懷、瞭解教師需求，更以教師需求為核心，發展各種輔導策略，滿足教師專業成長需求，增進教師課程、教學與評量知能。

4・專業成長：透過各領域分區進階研討，定期專業對話及其他各種方式，協助與激勵教師專業成長，展現、分享與交流專業成果，營造專業成長之學習型校園情境。

5・循序漸進：建立由教育部教學研究輔導組到縣（市）教學輔導團，再到學校種子團隊，終至全面落實國中小教師之循序漸進模式。

6・資源整合：整合全國各大專校院師資培育機構、全國與地方教師會之研究團隊、國立教育研究院籌備處及七大學習領域（含六大議題）之專家人才庫，成為本學習領域輔導群，對應輔導各縣（市）本學習領域輔導團。

7・多元創意：鼓勵各組織單位構思富創意的推動方式，結合各界力量與創意，全力推動輔導工作。

8・績效責任：經由充分溝通，明訂各項工作要項、進度及主辦單位，並階段性檢核工作績效，落實績效責任制度以提

高溝通成效。

（四）補助對象

各縣（市）政府

（五）補助基準與注意事項

1・遴薦中央課程與教學深耕種子團隊：

全國各縣（市）依縣（市）規模設置課程督學，並由各縣（市）教育局及該縣（市）教師會共同完成遴薦課程與教學深耕種子團隊成員，遴薦條件與數量如下：

（1）課程督學之條件與數量：

① 課程督學之條件：

A.各縣（市）曾任或現任國民中小學校長、縣（市）督學或候用校長等，具有課程領導專長和經驗，並有意願擔任課程督學者。

B.課程督學亦是課程與教學深耕種子團隊之一員。

② 課程督學之人數：

A.各縣（市）國中小校數在 125 校以下者，得設置課程督學一人。

B.各縣（市）國中小校數在 126～250 校者，得設置課程督學二人。

C.各縣（市）國中小校數在 251 校以上者，得設置課程督學三人。

（2）課程與教學深耕種子團隊之條件與數量：

① 課程與教學深耕團隊成員務必是當年度縣（市）國教輔導團之團員。

② 縣（市）推薦參加培訓之團員應是具有課程能力之行政人才，務必兼顧課程、教學與行政三項專長，每一

學習領域其中至少一名具備資訊專長。

（3）遴薦對象與數量：

①　第一年遴薦國中小之七大學習領域和英文、鄉土語言、資訊十項目，二十五縣（市）推薦國中十位及國小十位之課程與教學深耕種子團員，總計培育國中小五百位課程與教學深耕種子團員。

②　第二年遴薦種子團隊以國中教師為優先考量，國小教師次之，國中以七大學習領域和英文為主，國小以英語、鄉土語言和生活課程為主，培訓人員以縣（市）之國中小校數為基準，國中小校數在 125 校以下者得遴派一名種子教師；國中小校數 126-250 校者得遴派二名種子教師；國中小校數 251 校以上得遴派三名種子教師。（調訓人數由課程與教學深耕輔導組統籌負責，惟其補助代課鐘點費以不超過二七〇名為原則）

③　第三年視需要繼續加以培訓。

④　預計三年內達成全國一千位課程與教學深耕種子團員之目標。

2．培訓：

（1）培訓之課程兼顧理論與實作，強調課程改革之基本面、專業面與實務面，並參酌「九年一貫課程教師基礎及進階研習課程」設計研習課程。

（2）由九年一貫課程推動小組之課程與教學深耕輔導組和國立教育研究院籌備處召集各學習領域教授群規劃設計培訓課程。

（3）所設計課程之研討大綱編製成手冊，講師由教育部、課程與教學深耕輔導組和國立教育研究院籌備處共同

推薦聘請。

（4）培訓由國立教育研究院籌備處負責，期間以四週為原
則，每學年定期培訓一次，並視需要不定期召開研討
或舉辦研習會。

（5）培訓課程與教學深耕團隊經費由教育部與國立教育研
究院籌備處共同負擔。

（6）培訓時間以寒暑假為優先辦理。

（7）縣（市）之學習領域輔導員培訓可由縣（市）政府洽
商課程與教學深耕輔導組（各學習領域輔導群）共同
規劃，並以定期培訓為原則，視需要自行規劃辦理。

3‧權責與任務：

（1）課程與教學深耕種子團隊之權責，由縣（市）政府教
育局參酌教育部所訂「縣（市）課程督學暨課程深耕
種子團隊輔導員權責注意事項」訂定之。

（2）縣（市）遴薦課程與教學深耕種子團隊成員，應視教
育部當年度之推動重點與團隊服務成效進行評估，作
為獎勵和續任之依據。

（3）課程與教學深耕種子團隊必須擔負返回縣（市）培訓
與帶領縣（市）國教輔導團員之責任與義務。

（4）縣（市）國教輔導團負責帶動縣（市）學校之課程發
展委員會團隊運作，協助學校教師課程發展、實施與
評鑑。

（5）課程與教學深耕種子團隊擔任教育部、教育局課程政
策之轉銜者，清楚的在校園傳達課程改革政策，使政
策落實執行。

4‧補助原則：

（1）擔任縣（市）課程督學每週減課 20 節（縣（市）督學

擔任者除外）；參加中央培訓之課程與教學深耕種子團隊輔導員為現任教師或主任者，每週以減課 10 節為原則（現職主任之課務不超過 10 節者，核實減課，超過 10 節，以減課 10 節為限，有剩餘經費則專款專用支應於課程深耕種子團隊，並請縣（市）依程序簽核首長及主計單位元，俾使行政程序合法化）進行學校與教師之服務與輔導。

(2) 國中代課鐘點費由教育部專款補助，國小優先由 2688 專案人力支付，不足部分由教育部專款補助。種子團隊成員之交通費由教育部酌予補助（本經費僅支應於參加教育部召開會議或調訓研習時之費用）。

5・課程與教學深耕種子團隊之深耕服務方式：

(1) 服務對象為：課程與教學深耕種子團隊→縣（市）之國教輔導團→各縣（市）及國民中小學。

(2) 縣（市）國教輔導團每年應服務縣（市）三分之一以上之學校，分三年期程完成縣（市）各學校之課程與教學深耕服務。

(3) 課程與教學深耕種子團隊以北、中、南三區策略聯盟方式，協助區內推動九年一貫課程需求較高之縣（市）與學校。

(4) 課程與教學深耕種子團隊應與在地師資培育之大學實習輔導處組協同服務縣（市）國教輔導團。

(5) 每一領域由課程與教學深耕輔導組之教授負責帶領，並編列運作經費進行領域團隊運作。

(6) 深耕方式細節由教育部九年一貫課程推動工作小組之課程與教學深耕輔導組和縣（市）國教輔導團員協同規劃辦理。

6．課程與教學深耕種子團隊之深耕內容：

(1) 優先與國民中學互動深入學校文化脈絡。

(2) 深入領域教學從教師進修與備課切入，強調透過一份好的課程計畫著手。

(3) 鼓舞教師合作參與之熱忱。

(4) 培育縣（市）及學校課程領導人才。

(5) 從選修之學生補救教學著力。

(6) 鼓舞縣（市）鬆綁定期考查統一命題開始。

(7) 提供大中小型學校新式排課之案例，供學校模擬。

(8) 提供多元評量之可行案例，供學校模擬。

(9) 負責資源管理經營團隊，提供線上諮詢服務。

(10) 協助教學資源利用與試教，製作及上傳示範教學資源。

(11) 選訂固定之辦公時間，接受教師遠端 Call in。

（六）申請及審查作業

　　由直轄市政府教育局、縣（市）政府將培訓之種子團隊名單備文（含申請補助項目經費表）向教育部提出申請，並由教育部及課程與教學深耕輔導組共同審核種子教師名單。

（七）經費請撥與核銷

1．本要點之經費請撥、支用、核銷結報依「教育部補助及委辦經費核撥結報作業要點」之規定辦理。

2．各縣（市）政府應將本案經費補助以代收代付、專款專用方式處理，不得挪為他用。

3．各縣（市）應於核結時限內，彙齊成果報部備查。成果報告請以 A4 紙張規格（請勿超過十頁，縱向橫書），具體說明輔導狀況及檢討機制（請以文字敘述）報部備查。

（八）成效考核

1．課程與教學深耕種子團隊至少每月召集縣（市）國教輔導團二至三次，每次以一個半天或一個全天為原則。

2．縣（市）輔導團員進駐校園以部分時間方式，與學校協商排定時間到校輔導，以每週四小時為限。每學期至少應有二十次實施到校輔導或上網諮詢，每次到校輔導或上網諮詢必須填報輔導領域紀錄表，並於年度結束後陳報成果報告（含前言、輔導狀況、面臨困境、解決策略、結語、附錄——紀錄表）。

3．各縣（市）政府及學校之執行績效，應接受評鑑及視導等考核，作為本部以後年度各項相關經費補助額度之參據。

4．主辦或訓練機關得就考核結果，參照教育專業人員獎懲標準，本權責從優叙獎。

（九）預期效益

　　透過課程與教學深耕種子團隊之深入縣（市）服務與國教輔導團到學校協助，達到專業文化之改變與課程發展能力之提升，而最終目的是使學習者獲得適性之學習，進而學到十大基本能力，預期成效如下：

1．建置與運作系統化、分級化、深耕化輔導與服務模式，作為往後繼續推動課程改革之參考。

2．實現「人才在中央」、「人才在地方」、「人才在校」之理念，培養優秀人才。

3．提升國中小教師在課程、教學、評量、及各學習領域之專業知能。

4．隨時提供縣（市）教育局、國中小輔導團專業諮詢及輔導，順利推動課程改革。

5．研發教學示例、剖析出版社教材，辦理宣導推廣研討、編
　印手冊與上網。
6．分享經驗與提出參考實例，供全國國中小參酌。

子計畫二：專業夥伴攜手合作─大學與國民中小學攜手合作深耕
　　　　　計畫及補助要點

（一）依據

92年1月15日發布之國民中小學九年一貫課程綱要辦理。

（二）目標

　　透過師資培育之大學與國民中小學攜手合作建立較長期之
專業發展夥伴關係，以期深耕九年一貫課程之落實實施，提升
學習效果，展現教育改革成效。具體而言，本計畫之目標為：
1．對國民中小學：
　（1）提升學校校長與教師之課程與教學專業素養。
　（2）激發學校之專業發展文化，期使學校校長及教師樂於
　　　踐履專業承諾，群策群力進行對九年一貫課程與教學
　　　之理解、研究、創新與實踐。
　（3）建立對學校校長及教師進行課程與教學創新之有效專
　　　業支援與協助管道。
　（4）確保學校實施之九年一貫課程與教學各項方案確能有
　　　效提升學生學習成效。
2．對師資培育之大學：
　（1）增進師資培育之大學與國民中小學間之彼此瞭解，建
　　　立長期性專業發展夥伴關係。
　（2）加強師資培育之大學教師對國民中小學教育實務之

深入瞭解，使師資培育課程與教學更能契合教育現場
需求。

（3）發揮師資培育之大學教師的專業專長，並提供其實踐
與驗證專業理論之機會。

（4）引導師資培育機構加強對九年一貫課程與教學各種策
略、方案之研究，並使研究成果於學校中實施與驗證。

（5）促進師資培育過程中教育實習功能之發揮。

（三）原則：本計畫之實施秉持下列原則

1・夥伴原則：除以師資培育之大學及國民中小學為主要的合
作夥伴外，教育部、各地方主管教育行政機關及相關專業
團體，亦應積極參與。

2・合作互惠原則：建立夥伴關係之大學、專業團體及國民中
小學應秉互惠之觀點，進行雙方合作。

3・長期性原則：為發揮效果，大學與學校間所合作進行之各
種課程與教學革新方案應為一學年（含）以上。

4・自願原則：參與夥伴關係之大學和國民中小學在機構層面
上應出於雙方互為同意，而且雙方參與之教師亦應出於自
願參與。

（四）補助對象

1・各師資培育之大學

2・各國民中小學之主管教育行政機關

3・國立中小學

（五）實施方法與步驟

函發各師資培育之大學、國立實驗中小學及各地方主管教
育行政機關，並由各地方主管教育行政機關轉各校提出申請。

1·確定專業合作夥伴：奉教育部核定之學校，依計畫洽商計畫所定之夥伴大學及機構，以確定提供專業協助之教師。夥伴大學及機構應就學校所提計畫的性質，推薦合於專長之教師參與計畫，協助各項課程與教學革新方案之順利實施。師資培育之大學主動提出之申請案，奉核定後由主持計畫之教師與計畫所定之夥伴學校洽訂參與合作之教師，學校亦應提供必要之協助。

2·執行計畫：各師資培育之大學及各國民中小學依核定之計畫及經費預算執行之。

3·發表與推廣：縣（市）政府應編列預算辦理本項計畫之年度成果發表會，協助推廣計畫成果於其他學校。

4·檢討評估：教育部、各師資培育之大學、各地方主管教育行政機關及奉核定之學校，應就其執掌定期評估計畫實施成效，並檢討改進之。

（六）補助原則及重點項目

1·核定補助之經費額度，每年每案以不超過三十萬元為原則。

2·經費核定以三年為期程，每年需提出成效，再視成效核撥下一年之經費。

3·補助之經費項目以業務費（含講師鐘點費）、材料費、差旅費等項目為原則；有關人事費、設備費不予補助。補助經費之標準，依「中央政府各機關單位預算執行要點」規定編列，並依「教育部補助及委辦經費核撥結報作業要點」規定辦理。

4·各地方主管教育行政機關為增進本計畫之效果，得配合提供經費補助各核定學校；亦得編列預算補助所轄未奉教育部核定補助之學校，進行類似本計畫精神之改革方案。

5．重點項目

　（1）提升九年一貫課程與教學領導效能之策略方案。

　（2）實踐各學習領域及六大議題課程目標、能力指標之教
　　　　學創新方案，並儘量以單一領域或議題為範圍提出。

　（3）實踐各學習領域及六大議題課程目標、能力指標之自
　　　　編教材方案。

　（4）針對九年一貫課程實施後學生可能面臨的課程銜接問
　　　　題之有效解決方案。

　（5）彈性學習節數課程設計、實施與評鑑之方案。

　（6）有關實現九年一貫課程理念之學習成就評量方案。

　（7）學校層級實施課程與教學評鑑之方案計畫。

　（8）各校之計畫得就上述重點方向之一，或合併數項重點
　　　　方向提出計畫內容。

（七）申請及審查作業

　　本計畫實施期間為九十二、九十三及九十四學年度，計三
學年。三學年度實施屆滿前由本部評估成效後，再決定是否延
續實施。

1．申請期間：每年一月至三月。

2．各校提出申請計畫：

　（1）計畫名稱

　（2）執行期間　（至少為一年，至多為三年）

　（3）計畫目的

　（4）執行方法及步驟

　（5）期望參與本計畫之師資培育大學及所需之專業協助事
　　　　項（師資培育之大學提出者，則需敘明夥伴國民中小
　　　　學校）

（6）經費預算　（請至教育部會計處「本部相關法令規章」
　　　下載經費申請表）

3・申請方式：

（1）直轄市、縣（市）立、私立國民中小學向其主管教育
　　　行政機關提出申請。

（2）師資培育之大學和國立實驗中小學向教育部提出申請。

（3）直轄市、縣（市）政府得就携手合作內容項目指定學
　　　校提出申請。

4・審核期間：

（1）初審：由各地方主管教育行政機關組小組初審，初審
　　　合格校數至多為各該縣（市）校數的20%，初審期間
　　　為每年四月。師資培育之大學和國立實驗中小學得逕
　　　行提報計畫參加決審，惟師範校院每校每學年至多以
　　　八案為限，設有教育學程中心（師資培育之大學）每
　　　校每學年至多以二案為限，各國立實驗中小學每校每
　　　學年以一案為限。

（2）決審：由教育部組成決審小組進行決審，決審期間為
　　　本計畫實施期間每年的五月，最遲應於每年六月十五
　　　日以前完成，核定數量不設上限。

5・審查原則：依據本計畫精神及參照補助原則，進行審查，
　　並考量以下原則：

（1）效益原則：所提計畫確能發揮效益，促進專業發展文
　　　化，增進九年一貫課程與教學成效。

（2）合作參與原則：國民中小學校內須以團隊方式參與計
　　　畫的研擬與實施；計畫亦須展現校內團隊與大學教師
　　　間之合作關係。

（3）創意原則：所提計畫應能超越學校日常的習慣化運作

模式，具有創新性。

（4）可行性原則：計畫目標、內容、方法、步驟和需求資源等層面評估具高度可行性。

（5）行動原則：所提計畫應能導向實際的課程與教學創新行動，而非為純粹的學術性研究。

（6）經濟原則：所提經費預算具有經濟性，能以最少經費發揮最大效果。

6・執行期間：

依核定執行期間執行，原則上申請與核定之計畫執行期間不得少於一學年，至多為三學年。

（八）經費請撥與核銷

1・本案所需經費由教育部核定後補助，並分別撥付各核定之師資培育之大學及縣（市）政府轉撥學校依計畫執行。

2・本要點之經費請撥、支用、核銷結報依「教育部補助及委辦經費核撥結報作業要點」（請至教育部會計處「本部相關法令規章」下載經費申請表）之規定辦理。

3・各縣（市）政府應將本案經費補助以代收代付、專款專用方式處理，不得挪為他用。

4・各縣（市）政府及師資培育機構應於核結時限內，彙齊成果報部備查。成果報告請以 A4 紙張規格（五頁以內，縱向橫書）具體說明執行成效及檢討機制（請以文字敘述）報部備查。

（九）成效考核

1・教育部視需要邀請受補助學校至部報告成果或辦理成果發表會，並得不定期到校瞭解執行情形。

2・各縣（市）政府及學校之執行績效，應接受評鑑及視導等

考核，作為本部以後年度各項相關經費補助額度之參據。

（十）預期成效

1．能增進國內大學與國民中小學間之合作關係。

2．能有效提升國民中小學的專業發展文化。

3．能落實九年一貫課程在學校之深耕實施，進而提升學生學習成效。

4．能協助師資培育機構深入瞭解學校之實際運作，提升師資培育品質。

5．能增進大學教師專業理論與實踐之結合。

子計畫三：打造 e 化教學資源銀行──政府與民間合作計畫及補助要點

（一）依據

92 年 1 月 15 日發布之國民中小學九年一貫課程綱要辦理。

（二）目標

引進並結合家長、社區及民間企業協助教師發展課程創新教學促進學校自主與課程鬆綁，落實九年一貫課程。

（三）補助對象

1．國立教育資料館、國立編譯館、國立臺灣科學教育館、國立歷史博物館等教育部所屬館所。

2．教師會

3．家長會

4．民間組織、企業團體及基金會

（四）補助原則及經費基準

1．實施方式：

　（1）調查並以 e 化方式管理可供課程發展之條件與資源

　　　① 調查國公立單位之各館所及社教資源。

　　　② 廣徵企業資源包括人力與物力。

　　　③ 有效整理官方之九年一貫課程推動相關出版品。

　　　④ 以上資源由國立教育資料館負責資訊彙整，教育部電
　　　　算中心技術協助，以 e 化方式管理，暢通並方便運用
　　　　管道。

　　　⑤ 學校每學期初完成學區家長及社區資源調查並管理。

　　　⑥ 可供課程發展之條件與資源定期公告與更新資訊。

　（2）企業協助培訓課程與教學深耕種子教師

　　　① 資源應用推廣組定期徵求並鼓勵企業界提供人才培訓
　　　　措施案例。

　　　② 企業界設計研習計畫協助縣(市)培訓國教輔導團員。

　　　③ 教育部可視計畫之目標與效益補助企業界經費。

　　　④ 企業界可以使用者付費之措施反應成本收費。

　（3）獎助民間各團體辦理教師進修

　　　① 設計鼓勵民間各團體辦理教師進修獎助要點。

　　　② 表彰過去民間辦理教師進修之績優團體。

　　　③ 彙整民間辦理教師進修優良案例提供分享。

2．補助原則：

　（1）以部分補助為原則。

　（2）補助額度以不超過一百萬為原則，最高以經費總額百
　　　分之五十為限，不足額度請自行籌措。

　（3）統整性及跨縣(市)辦理之活動申請案優先考量補助。

　（4）資源不足地區單位之申請案，可予以特殊考量，不受

　　　總經費百分之五十之限制，但仍以部分補助為原則。

　　（5）政策性指示辦理之九年一貫課程教學事項，依實際需
　　　　　要核定之。

3・補助項目及基準：

　　（1）講師鐘點費（每節以五十分鐘計）：

　　　　① 主辦或訓練機關內聘者，每節八○○元。

　　　　② 外聘與主辦或訓練機關有隸屬關係者，每節一二○○元。

　　　　③ 外聘國內專家學者，每節一六○○元。

　　　　④ 外聘國外專家學者，每節二四○○元。

　　（2）講師交通費：依國內出差旅費報支要點規定核實報銷。

　　（3）場地佈置、水電補助：三○○○元／場。

　　（4）參考資料費：一○○元／人。

　　（5）誤餐費：八○元／人。

　　（6）茶水費：二○元／人。

　　（7）雜支：以計畫總金額之五%為限。

（五）申請方式

1・程序：

　　（1）於活動辦理一個月前檢具公文、申請經費表連同企畫
　　　　　案及經費預算表一式三份向本部申請，同一申請者每
　　　　　半年以提出一案實施計畫為原則。

　　（2）採隨到隨審原則辦理，資料不全者不予受理。

2・期限：申請公文需於活動辦理一個月前到部，為免影響
　　經費撥付及核銷作業，每年十二月十日後之申請案件概
　　不受理。

（六）審查程序

1・各申請案先由本部審查，必要時，亦得邀請相關學者專家

進行審查，並簽注審核意見。

2．經委員或學者專家審查完峻之申請案，依本部行政程序簽
　　陳核定執行，重大案件得提交「九年一貫課程推動工作小
　　組」審議。

（七）經費請撥與核銷

1．經費請撥、支用、核銷結報依「教育部補助及委辦經費核
　　撥結報作業要點」之規定辦理。經費申請表請至教育部會
　　計處（http：//www.edu.tw/accounting/inde.htm）。並應於
　　活動結束一個月內，將經費收支結算表及成果（如：活動
　　資料、照片、光碟）報部備查，俾完成結案。

2．主辦單位應將本案經費補助，專款專用，並依核定計畫內
　　容、預期次數執行。

3．申請案獲准後，主辦單位應按照核定之企畫案執行，不得
　　以補助經費不足為由，更改計畫。若因故取消計畫，須備
　　文說明並繳回餘款。

（八）成效考核

1．主辦單位運用本部補助款之情形，是否達成學校教學創新
　　與行政效能之目的。

2．主辦單位執行內容，應符合國民中小學老師或家長對課程
　　改革之需求，充分結合理論與實務 。

3．評估成果是否能有效整合相關單位資源，迅速提供社會大
　　眾查詢，俾達成終身學習之目標。

（九）預期效益

　　透過教學資源之整合與管理，並將課程改革形成全民運動共
同力挺使學習者獲得最佳之學習。

陸、幼托整合方案及幼稚園課程標準

民國九十一年四月廿二日　資料來源：教育部

一、方案緣起

按我國現行體制，負責<u>未滿六歲</u>學齡前幼兒教保之機構主要為<u>幼稚園與托兒所</u>。幼稚園係依幼稚教育法及幼稚園設備標準等相關規定設立之學前教育機構，招收四足歲至入國民小學前（未滿六歲）之幼兒，由所在地教育行政機關主管。托兒所則係依兒童福利法及省（市）政府訂定之托兒機構或托兒所設置標準與設立辦法等相關規定設立之兒童福利機構，收托一足月至未滿六歲之幼兒，由所在地社會行政機關主管。

雖然幼稚園與托兒所分別隸屬教育及社政體系，然隨著社會變遷及家庭結構之改變，兩者皆多少涵蓋保育及教育幼童之功能，已是不爭的事實。惟因主管機關之不同及招收幼兒年齡層之部分重疊，以致四至六歲同齡幼兒可能接受不同的照顧品質，形成落差之現象。為促進相同教保品質並減少資源浪費，積極統整幼稚園與托兒所所共同擔負之幼兒教保發展重責，一直是各界多年來關切的課題。

行政院蕭前院長於民國八十六年十二月四日在第二二五六次院會中提示，幼稚園與托兒所都是以促進幼兒身心健康發展、增進其生活適應能力為依歸，卻分屬教育及社政兩個體系，其對象（幼兒）的年齡層且部分重疊，就國家總體資源的應用而言似非經濟有效，請內政部與教育部兩部審慎研究該統合問題；蕭前院長復於八十七年七月二十一日全國社會福利會議結

論時指示，將托兒所與學前教育整合事宜列為應優先推動之重點工作。於是展開幼兒教育與托育整合方案之研擬規劃。並以如何保障同年齡之幼兒享有同等品質之教保環境內涵，有效運用並合理分配政府資源為整合理念。內政部與本部並經多次協商及邀集幼教學者、團體、業者等召開公聽會，研擬「幼兒托育與教育整合方案」（草案），報行政院核定，經行政院函復以「請依左列意見修正後再報院：

1．所採以現行幼稚教育法規定之四歲作為區隔乙節，與大多數學者專家及地方政府代表認為應以三歲年齡層區隔幼稚園與托兒所之意不符，需再斟酌。

2．整合後之幼稚園與托兒所名稱，似可改稱為「幼兒園」。

3．請教育與內政兩部再詳細擬具「托兒與學前教育整合方案」（包括相關法令之修正、實施步驟、方法與分工及資源需求等）。本部復再行研議。惟經教育部楊前部長認兩機構應有更積極明確之規劃，而未能報院並暫緩實施。

二、現況檢視

目前幼稚園與托兒所之招收年齡在四至六歲部分產生重疊現象，惟二者因主管機關及法規適用不同所衍生之相關問題，茲分析如下：

（一）師資標準方面

同樣培育四至六歲幼兒，其師資水準卻不相同。幼稚園依「幼稚教育法」及「師資培育法」相關規定聘任教師。托兒所則依「兒童福利專業人員資格要點」聘任保育人員或助理保育人員；惟查兩者在養成教育之培育課程（幼教系、幼保系）卻有頗多相近之處，然幼保系畢業者，除非修畢師資教育職前課

程並完成實習、複檢，否則不具教師資格。該等現象，造成幼兒教保師資培育資源之浪費。

（二）課程與教學方面

　　現行幼稚園依教育部訂定之幼稚園課程標準實施統整課程；而托兒所於民國八十二年兒童福利法修正前，大致依內政部訂定之托兒所教保手冊辦理，作為幼兒教保及衛生保健工作之參據。惟因托兒所受限於現況壓力，大多沿用幼稚園相關課程及內容，二者事實上已漸難區分。

（三）設立要件方面

　　幼稚園依教育部訂定之幼稚園設備標準辦理，托兒所之設立係依省（市）政府訂定之托兒機構或托兒所設置標準與設立辦法。因二者立案標準著眼不同（如使樓層、室內外面積等），致在公共安全、消防安全及建築結構及設施上，是否均符應幼兒的安全及學習，學者專家及各界常有不同的見解與分歧。

（四）輔導管理方面

　　因幼稚園及托兒所適用法規不同，導致行政輔導與管理方式有異，迭有就評鑑、獎勵、輔導等，希訂立一致方案與措施之建言。

三、幼托整合推動委員會執行情形

（一）有關幼托整合議題經曾前部長及范政務次長就政策面裁示，應成立「幼教政策小組」，故本部於八十九年年底成立小組，並於九十年二月十九日召開第一次小組會議，依會議決議由教育部推出之小組代表，邀集內政部協商，並於九十年二月二十二日召開會前會，就幼托整

合定位與方向研議共識，包括：

1・整合定位：

因○至六歲幼兒對教育及保育之需求是無法切割的，因此，為整合學前階段幼兒教保機構所發揮之功能，宜統一事權，至統一事權機關為何，可再詳議。

在上述前提下進行整合，應配合就專業人員認證及設施條件等訂定基本規範。

2・整合目標：

（1）整合運用國家資源，健全學前幼兒教保機構

（2）符應現代社會與家庭之教保需求

（3）提供幼兒享有同等教保品質

（4）確保立案幼稚園、托兒所暨合格教保人員之基本合法權益

3・視與內政部協商結果，續與各相關部會溝通，尋求共識。

經九十年二月二十六日由內政部李前政務次長逸洋、兒童局局長與代表，以及本部幼教政策小組代表劉毓秀教授等與國教司司長、中教司司長等洽商，原則上同意上開目標，並由兩部各推代表若干組成幼托整合推動委員會後，召開後續會議（如幼托整合推動委員會名單如附件一）。

（二）「幼托整合推動委員會第一次會議」於九十年五月十八日召開，由本部范政務次長及內政部李前政務次長共同擔任主席，會議決議分就功能成立師資整合組、立案及設備基準組、長程發展規劃組等小組分別進行研議。並即刻開始作業，人員與經費由兩個部會共同支援。委員會原則上一個月舉行一次，並視實際狀況召開。

（三）據上開幼托整合委員會第一次委員會議決議，由本部負責幕僚單位之師資整合組，業由召集人於七月二日召開

小組第一次會議，決議自幼托師資職前課程規劃、在職人員相關權益及法令等小組委員進行專案規劃，並配合幼托整合推動委員會之進度，不定期聯繫。

（四）另內政部據上開幼托整合委員會第一次委員會議決議，負責幕僚單位之立案及設備基準整合組，內政部業由召集人於六月二十二日召開小組第一次會議，決議就立案條件、土地規範、建物使用、樓層面積、設施設備等由內政部兒童局以問卷調查地方政府意見，並彙整初步之意見再召開第二次小組會議。

（五）而後該等小組即依時程進行研議，分別於本（九十一）年三月底左右提出初步結論與建議，於九十一年四月四日召開幼托整合推動委員會第三次委員會議，會由各組召集人做口頭報告，並研議各組之初步結論與建議內容。

四、幼托整合可能問題探討

（一）功能屬性方面

幼稚園依幼稚教育法第二條規定：「本法所稱幼稚教育，係指四歲至入國民小學前之兒童，在幼稚園所受之教育。」是為教育體系；托兒所依兒童福利法第二十二條之規定，是為福利機構，得因應收托兒童之年齡分為 0～2 歲之托嬰、2～6 歲之托兒及 6～12 歲之課後托育，乃為社會福利導向而設立之輔助機構。兩者間之整合，涉及功能及各國趨勢的不同經驗。

（二）主管機關方面

幼稚園與托兒所，分屬教育及社政體系，在中央主管機關分別為教育部及內政部，在地方為直轄市、縣（市）政府教育局與社會局。長久以來，兩部就其主管範圍進行管理，二者權

責各自分立，行政輔導管理機制不同。且八十七年精省後，托兒所之設置標準及設立辦法業已授權各地方政府權責辦理，與幼稚園主要法令仍由中央主管教育行政機關主管不同。

（三）法令依據方面

幼稚園之相關立案及規範係依幼稚教育法暨施行細則及幼稚園設備標準、幼稚園課程標準辦理，至其幼稚園教師資格則依教師法、師資培育法及高級中等以下學校及幼稚園教師資格檢定及教育實習辦法之規定辦理。托兒所則依據兒童福利法授權訂定之托兒所設置辦法辦理，該辦法於台灣省政府業務功能調整後業依地方制度法授權地方政府自訂相關規範，至其保育員資格則依兒童福利專業人員資格要點，及依該要點實施之兒童福利專業人員訓練實施方案辦理。

（四）年齡層重疊方面

幼稚園與托兒所收托幼兒年齡層在於四至未歲六足歲重疊，然愈近小學入學階段幼兒，其入園（所）率愈高，以五歲幼兒為例，入園（所）率高達九十％以上，從幼兒發展概念及家長之期待，對幼稚園而言，傾向能放寬收托對象之年齡層至三歲，以避免往返奔波接送幼兒的問題，托兒所的收托年齡可自〇歲至十二歲，形成在職場幼稚園與托兒所基於家長及各自之需求，無形間競爭之心理與手段可以想見。

（五）師資資格及人員權益方面

幼稚園教師依教師法、師資培育法等相關規定聘任教師；托兒所則依兒童福利專業人員資格要點聘任保育人員，二者之任用資格與進修管道互異。有關幼稚園教師資格之取得，本部業規劃多元培育管道，如師範校院幼教系及一般大學設有幼教

學程班、專科以上學歷在職人員得參加二年制在職進修專班、在職人員教育學分班，至高中職幼保科畢業具工作經驗者，得以回流教育方式先取得學士學歷，再報考學士後幼教學分班，均得以取得合格幼稚園教師資格。托兒所其專業人員（保育員）資格則依兒童福利專業人員資格要點，及依該要點實施之兒童福利專業人員訓練實施方案辦理，分別依學歷及訓練時數取得托兒所所長、保育員、助理保育員之資格。至幼托整合後托兒所保育員欲取得幼稚園教師資格乙節，據本部九十年全國幼教普查發現，幼稚園職場上約有百分之四一・六三（私立約百分之五四・二五）不合格教師，是否須有後續的輔導配套措施，宜須優先面對因應，至保育員在職前養成階段的幼保課程，亦須全面檢討。

（六）立案及相關設施條件方面

幼稚園與托兒所之立案條件因依據法令不同，而有實際差異，在保障幼兒合理受教品質前提下，應全面檢討兩者之立案條件，適時予以修正。惟業已立案之托兒所其條件，特別是幼兒的空間活動等，於立案條件重整後，是否仍能合於規定，及過渡期間如何因應，亦有待研議。

（七）課程與教學方面

幼稚園之教學內容依幼稚教育法授權訂定之幼稚園課程標準辦理，其教學方式亦由經過幼教師資培育之幼稚園教師從事；托兒所本身雖訂有托兒所教保手冊以為保育人員參用，惟就實際現場經驗，其幾乎多以幼稚園之教學設施、教材及課程設計，從事幼兒教學活動，因此，外界漸難對幼稚園與托兒所在教學內涵上有所釐清。

【幼稚園與托兒所之比較】

功能重疊及差異點	幼稚園	托兒所	備註
功能屬性	屬教育體系	屬社會福利體系	
主管機關	中央為教育部地方為直轄市教育局及各縣市政府（教育局）	中央為內政部（兒童局）地方為直轄市社會局及各縣市政府（社會局）	
法令依據	依幼稚教育法暨施行細則及幼稚園設備標準辦理。	兒童福利法及托兒所設置辦法辦理。於精省後業依地方制度法授權地方政府自訂相關規範。	
幼兒年齡層	招收四足歲至入國小前的幼兒	收托出生滿一足月至未滿六歲的幼兒	重疊部分為 4 歲至入國小前之幼兒
師資資格及進用	須具備依師資培育法取得之教師資格，其進用依幼稚教育法及師資培育法等相關規定聘任教師，每班應置教師二人。	依兒童福利專業人員資格要點取得保育人員資格，並依該要點規定辦理進用人員。公立托兒所人員並應具備公務人員資格。滿四歲至未滿六歲之幼兒每十六至二十名置保育人員乙名。	

立案及相關條件	1、必須從地面一樓設起。 2、平均每一幼兒室內外活動面積同時須具備，室外面積雖得以室內面積抵充，但不得少於標準之二分之一。	1、必要時得自二樓設起。 2、平均每一幼兒之活動空間，室外面積得全數由室內面積抵充。	其設備因收托幼兒年齡層而有不同規範。
人員待遇福利退撫制度	公立：比照小學教師／私立：由經營者自訂	公立：依公務人員各項法令／私立：由經營者自訂	幼稚園與托兒所人員資格要件不同，不得相互流動任職
課程及教學	幼稚園課程標準	托兒所教保手冊	惟托兒所部分幾乎與幼稚園一致。

資料來源：教育部幼托整合方案規劃專案報告

五、未來整合預期方向

（一）依現行幼稚教育法及兒童福利法，就幼托機構收托年齡層之現況，配合二〇〇一年教育改革檢討會議結論，國民教育向下延伸一年之政策目標，政府對〇歲至入國民小學前之嬰幼兒提供教育或保育之措施與機構之管理，初步以朝向二歲以下托嬰部分，原隸屬內政部門主管部分，其相關法令及措施，仍由該部及社政單位持續籌劃督導管理；五

歲以上至入國民小學前之年齡層，配合國民教育向下延伸一年之政策目標，其配套措施及相關環境之整備工作，統由教育部及教育單位為單一主管機關；至二歲至滿五足歲前之幼托機構，由兩部再持續就其人員資格及權益、設備、主管機關等交換意見，尋求共識。

（二）二○○一年教育改革檢討會議結論，將幼兒教育納入國民教育體制，其意涵係從保障師資資格及基本權益，以及課程等方面著手，逐步建立起幼兒教育制度，讓幼兒能享有同樣品質的幼教環境，其具體措施包含修正幼教相關法令，透過法制化，無論幼稚園公、私立屬性，均建立其教職員工待遇等制度；研訂幼稚園課程綱要，融入健康、生活、倫理與群性價值，以供各公私立幼稚園於選擇教材時均有所依據；推展幼教師資回流、進修與進階制度，降低不合格幼教教師比率等。是以，本部特訂定「發展與改進幼兒教育中程計畫」，預計從強化法令、加強行政效能、提升師資素質水準、豐富課程及教學資源、健全輔導機制等五方向，期全面改善並健全幼稚園教學環境。相關規劃方案及配套措施，<u>預計於九十三年在金馬地區先行試辦，九十四年將全面實施。</u>

六、結語

　　幼托整合尚涉結構面與實務面通盤考量之問題，問題之複雜可以想見，幼稚園與托兒所既以幼兒為服務對象，符應幼兒身心發展需求，教育保育內涵尤須兼顧。過去我國長期以教育與托育雙軌制度實施，以行政支援教學，國家教育行政與社會行政主管機關，各就專長與權責分工合作，如今在家庭、社會結構與趨勢改變之前提下，為能有效提升教托機構服務品質。

並期以溫和漸進方式，階段性逐步規劃整合方向，相關規劃方案將積極並持續的徵詢專家學者及各界之建言，務期方案之規劃與實施具體可行。

幼稚園課程標準，民76，教育部國教司。

　　我國現行幼稚教育相關法令自民國 70 年公布「幼稚教育法」之後，其他相關法令如「幼稚教育法施行細則」、「幼稚園園長、教師登記、檢定及遴用辦法」、「私立幼稚園獎勵辦法」、「幼稚園課程標準」、「幼稚園設備標準」等相繼公布。

　　幼稚園課程標準歷經 76 年第五次修訂迄今已 17 年，因應社會變遷世界潮流及未來國家發展需要，教育部已著手研訂新幼稚園課程綱要。幼稚園之教學內容依幼稚教育法授權訂定之幼稚園課程標準辦理，其教學方式亦由經過幼教師資培育之幼稚園教師從事；托兒所本身雖訂有托兒所教保手冊以為保育人員參用，惟就實際現場經驗，其幾乎多以幼稚園之教學設施、教材及課程設計，從事幼兒教學活動，因此，外界難對幼稚園與托兒所在教學內涵上有所釐清。

148	③	幼稚園課程標準的編制是哪一個機關的權責？①教育局 ②社會局 ③教育部 ④內政部。
149	3	幼稚園課程標準的制定公布是哪一個機關的權責？（1）教育局 （2）社會局 （3）教育部 （4）內政部
150	2	《幼稚園課程標準》最近一次修訂是在何時？（1）民國 70 年；（2）民國 76 年；（3）民國 78 年；（4）民國 92 年。
151	3	幼稚園的設備悉依「幼稚園設備標準」規範。請問該標準最近一次修訂是在何時？ （1）民國 70 年；（2）民國 76 年；（3）民國 78 年；（4）民國 92 年。

152	2	當前適用的幼稚園課程標準是（民國）哪一年修正公布的?（1）72年 （2）76年 （3）86年 （4）92年
153	①	依據幼稚教育法的規定，私立幼稚園如不對外募捐經費，且未通過 ①五班 ②七班 ③八班 ④十班者，得不設董事會。
154	④	有關教育部的幼兒英語教育政策，下列敘述何者適切？①可經由補習班仲介外籍教師 ②採雙語或全英語教學 ③採分科教學 ④採融入式教學。
155	④	下列何者並非現行幼稚園課程標準中所涵蓋的目標？①維護幼兒身心健康 ②充實幼兒生活經驗 ③增進幼兒倫理觀念 ④培養幼兒美感情操。
156	①	依據幼稚教育法第十九條之規定，對於私立幼稚園辦理不善或違反法令者，所在地之主管教育行政機關有處分權，下列何者非法定處分方式？ ①罰鍰 ②糾正 ③限期整頓改善 ④減少招生人數。
157	3	下述哪一種「不」屬於《幼稚園課程標準》規範的六大領域？（1）語文；（2）健康；（3）唱遊；（4）工作。
158	B	「幼兒保健網」中整體政策之策劃、督導、考核及協助建構完善服務及轉介體系是（A）保留概念 （B）面積概念 （C）空間概念 （D）分類概念。
159	C	現行幼稚園課程標準以什麼教育為中心？（A）學科教育（B）家庭教育（C）生活教育（D）社會教育。
160	B	依七十六年教育部修訂公布的「幼稚園課程標準」實施通則，下列何者為非？（A）幼稚園課程以生活教育為中心 （B）幼稚教育課程應為國民小學課程的預習與熟練 （C）幼稚園以活動設計型態作統整性實施 （D）幼稚園課程設計應以幼兒為主體，教師站在輔導的地位幫助幼兒成長。

161	1	目前我國推動幼托整合，是由哪兩個部會共同協商？①教育部與內政部②教育局與社會局③教育部與兒童局④國教司與內政部。
162	4	以我國當前幼托政策而言，幼稚園與托兒所收托對象的重疊部分是①二-未滿三歲②三-未滿五歲③三-未滿六歲④四-未滿六歲。
163	3	教育部與內政部聯合推動「幼托整合」規劃案，目前已辦理公聽會暫告一段落，依據該項規劃案的內容，請問下述何者為「是」？（1）幼托整合後，現職托兒所保育員必須再進修方能再任現職；（2）幼托整合後，現職幼稚園教師將可獲採認為合格保母；（3）所謂幼托整合，包含幼兒園、K教育、國小課後托育等規劃；（4）幼托整合後，幼兒園歸屬內政部管轄。
164	4	當前「幼托整合方案（草案）」預定在（民國）哪一學年度實施？①93學年度②94學年度③95學年度④未定。
165	4	當前的「幼托整合方案（草案）」預定在（民國）哪一學年度實施？（1）93學年度 （2）94學年度 （3）95學年度 （4）未定
166	4	以我國當前幼托政策而言，幼稚園與托兒所收托對象的重疊部分是（1）二-未滿三歲 （2）三-未滿五歲 （3）三-未滿六歲 （4）四-未滿六歲
167	C	下列關於本國幼兒教育政策的敘述何者較為正確？（A）幼稚園可以聘任外籍教師教授美語（B）幼托整合後幼兒園的行政管理機關是內政部（C）幼托整合後幼兒園的行政管理機關是教育部（D）全國公私立幼稚園必須在大班幼兒畢業前的一個月正式進行注音符號的教學。
168	B	幼稚園屬於學校範圍，收五歲到七歲幼兒的國家是？（A）韓

| | 國　(B)英國　(C)美國　(D)德國。 |

是非題：

| 169 | ○ | 幼托整合之規劃主要原因係在於解決我國現存幼托機構（指幼稚園與托兒所）之主管機關、立案設備標準、適用法令與師資標準等方面均有所差異，且所收拖之幼兒年齡又相互重疊等諸多現象。 |

填充題：

170	家庭教育	幼稚教育之實施，應以健康教育、生活教育及倫理教育為主，並與【　　】密切配合。
171	公共安全	當前我國的幼稚園評鑑分四大項目：幼教行政、教保內涵、【　　】及教學設備、社區融合度。
172	專業化／民主化	幼稚園行政管理的趨勢是教育行政人員【　　】、教育行政方法科學化、教育行政方式【　　】、教育行政權力集中化。
173	內政部	當前「幼托整合方案（草案）」是兩哪部會：教育部與【　　】的聯合規劃。

柒、教育改革行動方案（國中小部分）

一、普及幼稚教育

	執行內容與說明	執行期間	經費（千元）
（一）提高五歲幼兒入園率達百分之八十以上	1.優先補助山地、離島及偏遠地區增設公立幼稚園（含幼教特教班），以提升幼兒入園率。 2.鼓勵各縣市增設國小附設幼稚園（班）。 3.補助原住民及身心障礙幼童就讀幼稚園。 4.不影響公共安全之原則下，放寬幼稚園設置條件。 5.督導各縣市輔導未立案幼稚園合法立案。	八十八年度至九十年度	三〇〇、〇〇〇
（二）健全幼稚教育發展，修正相關法規	1.修正教育人員任用條例及其施行細則，將幼稚園教師納入該條例適用範圍。 2.修正幼稚教育法，修訂重點有： 　（1）明定主管機關。 　（2）明定幼稚園設立主體。 　（3）明定各級政府應從寬編列幼教年度預算。 　（4）明定幼稚園辦理成效卓	八十八年度至九十年度	於本部經費內支應，不另列。

	著者，主管教育行政機關應另定補助或獎勵辦法補助　（或獎勵）之。 （5）明定各級主管教育行政機關得視實際情形，優先補助下列幼稚園： 　　A.山地、離島及偏遠地區新設幼稚園。 　　B.招收身心障礙、低收入戶幼兒之幼稚園。 　　C.已立案並完成財團法人登記之幼稚園。 3. 修正幼稚園設備標準及課程綱要。 4. 協調內政部修法，落實幼兒托教合一政策。			
（三）強化幼稚教育師資水準與專業知能	1. 協調師範院校增設幼教系所，增設特殊幼教師資組；並協調各大學增設幼教學程，以增加幼教師資來源。 2. 協調師範院校增開專科或學士後幼教師資學分班，提供現職合格幼稚園教師進修管道。 3. 增加幼稚園教師短期研習機會，並力求內容多元化與進階化。 4. 建立資深優良幼稚園教師擔任實習指導教師制度，增進幼教專業知能。	八十八年度至八十九年度	經費並於「健全師資培育與教師進修制度」項目內。	

	執行內容與說明	執行期間	經費（千元）
（四）充實幼稚教育課程、活動及設備	1.研發幼稚園與國小低年級之銜接教材，提高幼兒生活與學習適應。 2.編輯幼稚教育單元活動設計補充教材。 3.鼓勵家長參與社區幼稚園各項親職教育活動，並建構適合幼兒健全發展之網路系統。 4.研議並試辦以幼兒學習經驗為導向之教學實驗。	八十八年度至九十年度	九〇、〇〇〇
（五）提升幼教行政功能、監督與輔導績效	1.督導及補助縣市政府清查未立案幼稚園，並限期整頓改善。 2.檢討幼教評鑑績效，建立常設性輔導單位。 3.督導及評鑑幼稚園公共安全防護事項。 4.輔導各縣市成立幼教資源中心，並支援社區幼稚園健全發展。	八十八年度至九十年度	一〇五、〇〇〇

二、健全國民教育

	執行內容與說明	執行期間	經費（千元）
（一）釐清中央與地方權責，協助地方政府更加自主	1.落實省縣市自治法及直轄市自治法。 2.修正國民教育法部分條文，修正重點如下： 　（1）鼓勵私人興辦國民教育。 　（2）賦予家長參與校務之	八十八年度至九十二年度	於本部經費內支應，不另列。

	機會。 （3）明訂國民教育各級主 　　管教育行政機關。 （4）賦予地方政府自訂國 　　民中小學設備標準之 　　彈性。 （5）賦予地方政府自訂班 　　級編制及員額標準之 　　權責。 （6）賦予地方政府訂定學生 　　成績考查辦法之權責。 3. 修正「教育部補助地方國民教 　育經費作業要點」，提高地方 　政府經費使用之彈性。 4. 檢討相關法規，縮短行政流程。		
（二）降低國民 　　中小學班 　　級學生人 　　數，並提 　　升小班教 　　學效果	1. 九十六學年度國中小班級學 　生人數降至每班三十五人。 2. 補助地方政府增班所需各項 　硬體建設及增聘教師人事費。 3. 發展小班教學精神計畫原則： 　（1）規劃小班教學示範計畫。 　（2）加強小班教學師資研習。 　（3）營造小班教學學習環境。 　（4）改進小班教學課程與 　　　教材。 　（5）改進小班教學教法與 　　　評量。 　（6）成立小班教學輔導諮	八十 八年 度至 九十 二年 度	三六、九七 九、五一〇 一、八〇 〇、〇〇〇

	商單位。 （7）評鑑小班教學成效。 （8）推廣小班教學作法。 （9）宣導以學生為中心的小班制教學精神。		
（三）革新課程與教材	1. 成立「國民中小學課程發展專案小組」，遴聘小組委員進行中小學課程架構之研擬。 2. 完成「國民中小學課程發展共同原則」及「國民中小學課程目標」研訂工作。 3. 完成「國民中小學課程綱要」研訂工作並公布。 4. 辦理新課程綱要之研習，提升中小學教師新課程觀念及教學知能。 5. 督導省市政府教育廳局配合新課程綱要檢討並修訂相關教育措施。 6. 成立國民中小學課程發展中心。	八十八年度至九十二年度	六五、○○○
（四）辦理補救教學	1. 規劃「國民中小學補救教學示範計畫」，提供學校參與示範實驗方案，藉以建立補救教學系統模式。 2. 將學習落差之低成就學生，區分為「須實施身心障礙教育	八十八年度至九十二年度	二、○二○、○○○

	者」、「須進行家庭扶助者」、「須進行學習輔助者」三類，針對班級中百分之一〇至百分之二〇之低成就者，進行學習輔助與基本學科的加強。 3. 培訓補救教學師資並建置社會義工制度，鼓勵退休教師、家長及大專生參與，以協助個別教學，導引學生學習。 4. 研究補救教學之教材與教法，鼓勵教師自編補救教學教材，以配合學生個別差異，達到適性教育目標。 5. 規劃辦理國小五、六年級潛能開發計畫，提供更多元的學習機會，激發學生潛能。	

三、健全師資培育與教師進修制度

執行事項	執行內容與說明	執行期間	經費（千元）
（一）加強多元師資培育制度充實師資來源	1. 適時檢討修正師資培育法規。 2. 給予開設教育學程之國立大學合理的資源。 3. 加強師資多元培育管道，落實師資培育職前教育。 4. 配合國小、國中實施小班制，	八十八年度至九十二年度	一、六九二、〇二五

		八十八年度至九十二年度	
	鼓勵大學開設國小教育學程或教育學分班，增加師資培育。 5. 配合加強身心障礙學生教育，強化特殊教育師資之培育。		
（二）健全師資培育機構組織與功能	1. 委託公正、專業團體進行師資培育機構評鑑，健全師資培育機構組織與功能。 2. 協助師範校院規劃轉型與發展。	八十八年度至九十二年度	六二○、○○○
（三）落實教育實習制度及功能	1. 強化師資培育機構實習指導功能。 2. 強化教育實習機構實習輔導功能。 3. 落實教育實習評量制度。 4. 加強各級主管教育行政機關辦理教育輔導宣導及督導工作。 5. 考核評鑑教育實習輔導機構及人員之辦理成效。 6. 通盤檢討教育實習津貼制度。	八十八年度至九十二年度	五、六○、○○○
（四）建立教師終身進修制度	1. 研修「教育人員任用條例」、「教師法」、「教師研究進修獎勵辦法」及「高級中等以下學校及幼稚園教師在職進修辦法」等相關法規，建立教師終身進修法制。	八十八年度至九十二年度	七五六、一○○

	2. 結合中央及地方主管教育行政機關、教師研習進修機構、師資培育機構、各中小學，共同推動教師終身進修體系。 3. 鼓勵各省市、縣市成立 （增設）教師進修研習中心並強化組織功能。 4. 鼓勵對教師研習進修制度、模式及內容之研究與研討。 5. 研究配合教師在職進修及教師生涯成長，建立專業成長積分獎勵及教師分級制度。 6. 結合進修獎勵或激勵措施，與教師專業成長之需要，規劃設計教師生涯進修進程。 7. 協調並鼓勵各師資培育機構、教師研習進修機構、一般大學校院及民間團體，辦理各項教師在職進修活動，以增闢教師終身進修多元途徑。		
	8. 規劃教師進修方式，鼓勵教師以進修學分、學位、遠距教學、網路進修、研究發明、著作、短期研習、修習第二專長學分等方式進修，以配合教師不同階段的進修需求。		

	9. 協調各教師進修中心功能區分與輔導責任範圍。 10. 強化各中小學資訊電腦網路系統,輔導教師透過網路運用資訊。 11. 研究並建立教師進修網路系統,鼓勵教師網路進修。 12. 鼓勵學校建立「以學校為中心」之進修模式,以因應學校需要並進而建立學校特色。 13. 鼓勵教師從事「行動研究」以解決學校實際問題。 14. 研究配合教師分級制度,辦理「以學校為中心」之進修工作,建立以資深教師為研究進修主持人,帶領資淺教師從事教學理論與實務進修之模式。		

四、建立學生輔導新體制

執行事項	執行內容與說明	執行期間	經費(千元)
(一)建立教學、訓導、輔導整合	1.成立任務小組,發展學校教訓輔相關人員 (含專任輔導教師、專業輔導人員、導師、科任教師及行政人員)協同輔導	八十八年度至九十二年度	二三〇、〇〇〇

的輔導新體制	學生最佳模式。 2. 選定國小、國中、高中、高職、專科、大學各二所，分區進行所屬學校訓導處輔導室整合運作實驗，並配合修正相關法規逐步推廣。 3. 配合實驗進行「教學、訓導、輔導整合的輔導新體制評估」，並調整修正實驗模式與內涵。 4. 評估「國民中學試辦專業輔導人員方案」。 5. 鼓勵教師擔任導師並志願認輔學生。 6. 依據專業標準，開設各類輔導人員所需專業學分。 7. 編印各級學校訓輔工作手冊。		
(二)結合社會義工與退休教師推動訓輔工作	1. 策動社區義工組織及退休教師，協助學校推動訓育輔導工作及中輟學生之輔導。 2. 拓建學校輔導資源網路，增益輔導工作績效。	八十八年度至九十二年度	於本部經費內支應，不另列。
(三)加強輔導國民中小學中途輟學生	1. 聯繫文教、社政機關及公益團體，針對特殊需要之中輟學生進行家庭訪問、追蹤輔導。 2. 協助省市闢設中途學校（班），並強化其學習與生活輔導。	八十八年度至九十二年度	一、○七五、○○○

（四）建立訓輔工作諮詢服務網絡	協助各地區成立中小學及高中職訓輔工作諮詢小組，策動地區訓輔活動，增益學校訓輔工作發展。	八十八年度至九十二年度	七五、○○○

175	4	我國為提供中輟復學生良好之復學輔導措施，推動各縣市設立獨立式、資源式、合作式等仲介教育設施，相當於美國的哪一種教育設施？（吳芝儀，中輟學生的危機與轉機）（1）中途之家（2）中途學校（3）社區學校（community school）（4）選替學校（alternative school）
176	②	依據「教育改革行動方案」中有關健全國民教育之規定：九十六學年度國中小班級學生人數降至每班多少人？①三十三人②三十五人③三十七人④三十九人。
177	ABD	依據行政院教育改革行動方案，未來中小學教師須同時擔負什麼角色？A. 訓導 B. 輔導 C. 行政 D. 教學（複選題）
178	C	教改會功成身退後，為落實教育改革的推動與實施，成立了教育改革推動小組，該小組隸屬於那一機關？A. 總統府　B. 中央研究院　C. 行政院　D. 教育部

是非題：

174	×	教育部近年來推動中輟學生協尋、追蹤與輔導不遺餘力，並與內政部、法務部、國防部等單位合作建立中輟學生協尋與復學輔導網絡。

捌、學生輔導新體制，教學訓導、輔導三合一整合實驗方案

總說明：（教育部 87 年 8 月 21 日函頒）

〔建立學生輔導新體制〕係當前十二項教改行動方案之一，主要目的在引進輔導活動初級預防、二級預防、三級預防觀念，本諸發展重於預防，預防重於治療的教育理念，配合學校行政組織的彈性調整，激勵一般教師全面參與輔導學生工作，並結合社區資源，建構學校輔導網路，為學生統整規劃一個更為周延的輔導服務工作。

當前學校輔導工作面臨兩大困難：一者家庭、學校、社區三大輔導層面，彼此未能密切配合，統合發展，以致力量分散，功能無法完全發揮；再者學校輔導系統本身，強調輔導工作應由全校教師及行政人員共同負責，却未能交互支援，分工合作，以致整合困難，績效不如預期理想。再加以學校教師之教學或學校之辦學方針，未兼顧學生之需求程度，導致部份學生課業適應困難，以致產生諸多不適應行為，因而加重學校訓輔工作負擔。是以，行政院教育改革審議委員會總諮議報告有〔學校應行訓輔整合，建立學生輔導新體制〕之建議，行政院教育改革推動小組則進一步將〔結合社區資源，建立教學與訓導、輔導三合一學生輔導新體制〕列為十二項優先教改行動方案之一。

〔三合一〕含有互相交互作用、整合發展之意，學生輔導工作在校內必須整合一般教師（教學人員）、訓育人員以及輔導人員力量，在社區與校際間，則必須結合整體社區輔導資源

共同投入，始能達成初級預防、二級預防、三級預防之各項專業服務工作。

具體而言，本實驗方案負有四大任務指標：

一、激勵一般教師全面參與輔導學生工作，善盡教師輔導學生責任。

二、增進教師教學效能與人性化照顧學生，融合輔導理念，全面提升教學品質。

三、彈性調整學校訓輔行政組織運作，為訓輔人員及一般教師規劃最佳模式與內涵。

四、結合社區輔導資源，建構學校輔導網路。

在教師輔導學生方面，本方案提列了三條可行途徑，包括

（一）落實教師在教學歷程中輔導學生之責任；

（二）實施每位教師皆負責導師職責；

（三）鼓勵每位教師參與認輔工作。

在提高教學效能與人性化照顧學生方面，本方案強調，實驗學校必須將輔導理念融入教學歷程，規劃提升教學效能相關措施，協助教師實施高效能與人性化之教學，幫助學生獲致滿意的學習，強調各科教學研究會功能，成立教學診斷小組，瞭解教學與辦學問題，實施教學評鑑、教師評鑑及必要的補救教學等，全面提升教學品質。

在學校行政之組織調整方面，本方案建議實驗學校朝下列兩個方向規劃：

（一）將〔訓導處〕調整為〔學生事務處〕兼具輔導學生之初級預防功能；

（二）將〔輔導室〕（學生輔導中心）調整為〔諮商中心〕或〔輔導處〕；加強各級中心輔導及諮詢服務工作。在配合全校其他行政組織的調整與運作，期能為訓輔人員及一般教

師規劃最佳模式與內涵。

在建立學校輔導網路方面，本方案提到社區輔導資源對象，包括社工專業人員、心理衛生人員、公共衛生護理人員、法務警政人員、心理治療人員、公益及宗教團體、社區義工、學生會長及退休教師等。也提列了可協助學校之教育工作，例如：充實與補救教學、交通導護、校園安全、認輔適應困難學生、追蹤輔導中輟學生、親職教育諮詢服務……等。提供實驗學校規劃具體實驗措施時參考。

有效激勵教師善盡輔導學生職責、提高教師教學功能與人性化照顧學生、學校行政組織重新調配運作、結合及運用社區輔導資源等工作，皆須配合辦理一系列學校教師、行政人員、義工及學生家長研習活動，發展編制教師輔導工作手冊，明確界定規範教師及輔導人員角色與職能，增益〔三合一〕之後實際輔導學生績效。因此，研訂教師輔導手冊，及辦理學校教師、行政人員、義工及家長研習活動，亦為本實驗方案重點之一。

因為本方案牽涉學校體制之改革，必須謹慎進行，本部採行的策略是：

先做小型規模實驗（三十校）→評估後→擴大為中型規模實驗（每縣市均有兩、三校）→再評估→「建立學生輔導新體制督導小組」負責遴薦實驗學校及督導所屬學校實驗工作之進行。參與實驗之學校確定可行→修法→再逐步擴大全面實施。

並且在教育部成立「建立學生輔導新體制督導小組」，依據本方案各項原則，擬定具體實驗計畫，提報教育部「建立學生輔導新體制規劃委員會」審議，並尋行政程序核定後實施，且有學者專家參與指導，實驗程序規劃嚴謹。

本案具有四大特色：

（一）透過實驗歷程做為修法基礎：學校行政組織之調整必須

有法源依據，本方案前兩年以具體實驗結果，作為修法基礎。

（二）系統規劃教師輔導學生職責與功能：本方案強調所有教師必須善盡有效教學及輔導學生職責，並結合學校訓輔單位及社區網路資源為學生提供服務，希望教師輔導學生由「個別功能」到「整體功能」的系統規劃。

（三）採逐步擴大推廣策略：實驗學校的校數規模逐年累增，行政組織之調整亦留給實驗學校「逐次確定最佳互動模式與內涵」空間等，均係取逐步擴大推策略。

（四）目標、策略、方法結構縝密：「策略」承續「目標」，從五大方向著力。「方法」一至三項實現「策略一」；「方法」四至七項實現「策略二」；「方法」八至十項實現「策略三」；「方法」十一至十三項實現「策略四」；「方法」十四至十五項實現「方法」十六至十七項為共同事項，結構縝密。

我們希望「建立學生輔導新體制」能在三至五年內真正實現。

★初級預防乃針對一般學生及適應困難學生進行一般輔導。

★二級預防乃針對瀕臨偏差行為邊緣之學生進行較為專業之輔導諮詢。

★三級預防乃針對偏差行為及嚴重適應困難學生進行專業之矯治諮商及身體復健。

教學、訓導、輔導三合一整合實驗方案

一、目標

　　建立各級學校教學、訓導輔導三合一最佳互動模式與內涵，培養校師具有教訓輔統整理念，有效結合學校及社區資源，逐步建立學生輔導新體制，其具體目標如下：

1・建立有效輔導體制。
2・增進輔導組織功能。
3・建立學校輔導網路。
4・協助學生適性發展。
5・培育學生健全人格。

二、策略

1・成立學生輔導規劃組織。
2・落實教師輔導學生職責。
3・強化教師教學輔導知能。
4・統整訓輔組織運作模式。
5・結合社區輔導網路資源。

三、方法

1・成立「建立學生輔導新體制規劃委員會」：

　　教育部會同省市教育廳局，結合教育、訓導、輔導學者專家及實驗學校校長，成立「建立學生輔導新體制規劃委員會」，規劃教學、訓導、輔導三合一整合實驗方案，協助實驗學校依據實驗方案，擬定教、訓、輔人員最佳互動模式與內涵，並逐步增加實驗學校。

2．擬定實驗學校實驗計畫：

實驗學校成立「建立學生輔導新體制執行小組」，依據部頒「教學、訓導、輔導三合一整合實驗方案」，結合社區資源，設計學校教、訓、輔人員最佳互動模式與內涵，規劃具體實驗計畫，提送教育部「建立學生輔導新體制規劃委員會」審議，經行政程序核定後據以執行。

3．辦理學生輔導新體制實驗績效評估：

教育部「建立學生輔導新體制規劃委員會」配合實驗進程，事實委託學著專家進行「學生輔導新體制實驗績效評估」並同「省市試辦專業輔導人員方案評估」結果，作為調整實驗方案及實驗學校參考。

4．落實教師在教學歷程中輔導學生之責任：

實驗學校「建立學生輔導新體制執行小組」依據教師法第十七條規定，並配合學校傳統與發展特色，規範教師在教學歷程中輔導學生之責任。

5．培養全體教師皆具有輔導理念與能力：

實驗學校設計多元途徑與方法，引導學校教師善盡輔導學生責任，並規劃提供各項研習機會，培養全體教師皆具有輔導理念與能力

6．實施每位教師皆負導師職責：

實驗學校可視師資現況及員額編制，設計多元模式，實施每位教師皆能擔任導師，在教學中能及時辨識、通報並輔導學生。

7．鼓勵每位教師參與認輔工作：

實驗學校配合學校輔導工作運作，鼓勵教師人人認輔一至二位適應困難、行為偏差或中輟復學學生，協助學生順利成長發展。

８‧策勵教師實施高效能的教學：

　　幫助學生獲得人性化及滿意的學習，實驗辦理教師教學知能研習，提升教師的教學知能，發揮教學的本質與功能，兼顧認知、情意與行為等領域的教育目標，幫助學生獲得人性化及滿意的學習，並使教學達成主學習、副學習、輔學習的理想。

９‧強化各科教學研究會功能：

　　將輔導理念融入教學歷程、提升教學品質，實驗學校加強彈性安排課程，實施定期及不定期各科教學研究會、教學觀摩，共同擬定教學計畫，將輔導理念融入教學歷程，並成立教學診斷小組，瞭解教學與辦學問題，持續研究課程、教材、改進教學方法，及必要的補救教學，以提升教學品質。

１０‧實施教學視導及教師評鑑：

　　實施學校將教學視導及教師評鑑納入教師聘約中，規定教師均應接受主管教育行政機關及學校所進行之教學之專業視導及教師評鑑。

１１‧調整學校訓導處之行政組織及人員編制，兼具輔導學生之初級預防服務功能。

　　實驗學校將訓導處改為學生事務處，依據學生身心發展特質，運用輔導的觀念及態度，實施訓育及生活教育，培養學生正確的價值觀及人生觀，並協助推動與執行全校性之初級預防服務工作。

１２‧調整學校輔導室（學生輔導中心）之行政組織及人員編制：

　　加強各級心裡輔導及諮詢服務工作。實驗學校為發揮輔導功能，中小學校得調整輔導室為輔導處，大專院校亦可將學生輔導中心改為諮商中心，設置專任輔導教師及專業輔導人員，

規劃、辦理全校性輔導工作，結合醫院心理治療人員，加強二級、三級預防工作，並為全校教師及學生家長提供輔導知能諮詢服務。

１３‧調整學校行政組織及人員編制：

實驗學校配合教訓輔行政組織之整合，以及輔導網路之建立，調整行政組織及人員編制，以提升全校行政運作功能。

１４‧建立學校輔導網路，結合社區資源，協助辦理學生輔導工作：

實驗學校結合社區資源，如社工專業人員、心理衛生人員、公共衛生護理人員、法務警政人員、心理治療人員、公益及宗教團體等，建立學校輔導網路，協助學校輔導工作。

１５‧運用社區人力資源，協助學校推動教育工作：

實驗學校研定辦法，結合社區義工、家長會長及退休教師，協助推動教學、訓導、輔導工作，例如充實與補救教學、交通導護、校園安全、認輔適應困難學生、追蹤輔導中輟學生、親職教育諮詢服務……等。

１６‧研定學校教師輔導工作手冊：

實驗學校依據「建立學生輔導新體制」實驗內涵，明確規範教師、導師、輔導教師、專業輔導人員、行政人員之角色任務與職能，列舉教師進行學生輔導工作有效實施模式，逐年研定教師輔導工作手冊，進行實驗工作，提升輔導學生績效。

１７‧辦理學校教師、行政人員、義工及家長研習活動：

實驗學校配合實驗方案設計，適時辦理教師教學、訓導、輔導知能及行政人員、義工、家長相關研習，提升其教訓輔知能。

四、行動步驟

1 · 教育部會同省市、縣市教育廳局，結合專家學者，於八十七年六月前成立「建立學生輔導新體制規劃委員會」，規劃策訂實驗方案，執行重要實驗工作。省市政府教育廳局於八十七年八月成立「建立學生輔導新體制督導小組」，負責推薦實驗學校及督導所屬學校實驗工作之執行。各縣市政府於八十八年三月成立「建立學生輔導新體制督導小組」負責推廣國中、國小實驗學校及督導工作。

2 · 實驗學校之遴選由主管機關推薦，經「建立學生輔導新體制規劃委員會」審議核定，第一年實驗學校由學者專家指導，並配合實驗成效評估工作，第二年起主管機關依所屬學校之規模與地區分布向規劃委員會建議，經審議核定後擴大實施實驗。

3 · 各實驗學校成立「建立學生輔導新體制執行小組」，於每年五月底前擬定實驗計畫，六月底前提送審議，七月底前經核定後據以執行。

4 · 實驗學校因實驗之需要，得依據相關標準，調配學校教職員總員額，設置專任輔導教師及專業輔導人員；如配合整體實驗方案之需要，必須增加員額時，得敘明理由，提報「建立學生輔導新體制規劃委員會」審議。

5 · 教育部依據八十七學年度實驗成效為基礎，規劃逐年擴大推廣實驗學校。預計八十八學年度增至每縣市均有學校參與，八十九學年度配合修訂各級學校法規後，九十一學年度前全面實施。

6 · 教育部配合實驗方案之經程，定期辦理各項研習與傳承活動，並擇定各程級依所中心學校，負責邀集同一層級實驗學校人員定期討論，研議實驗工作衍生問題與改進措施。

7 · 教育部應配合實驗方案之進程，定期彙集實驗成果，印製

各種輔導工作手冊，推廣實驗績效。

8・教育部及省市、縣市政府教育廳局應配合本實驗計畫之進程，指定專人執行相關業務。

9・參與實驗學校第一年所需經費由教育部教改費中優先支援，第二年起即依據經常性業務作辦理，教育行政主管機關依實驗績效擇優補助之。

10・本方案所需經費除實驗學校補助款由教改經費另行支援外，由「青少年輔導計畫」年度經費額度優先勻支。

重點整理：教學訓導、輔導三合一整合實驗方案

一、本實驗方案負有四大任務指標

1・激勵一般教師全面參與輔導學生工作，善盡教師輔導學生責任。

2・增進教師教學效能與人性化照顧學生，融合輔導理念，全面提升教學品質。

3・彈性調整學校訓輔行政組織運作，為訓輔人員及一般教師規劃最佳模式與內涵。

4・結合社區輔導資源，建構學校輔導網路。

二、三級預防之意義

1・初級預防乃針對一般學生及適應困難學生進行一般輔導。

2・二級預防乃針對瀕臨偏差行為邊緣之學生進行較為專業之輔導諮詢。

3・三級預防乃針對偏差行為及嚴重適應困難學生進行專業之矯治諮商及身體復健。

179	E	教訓輔三合一方案中強調教師參與認輔學生，並建立學校輔導網絡，引進社區資源共同協助學生，背後的理論基礎為何？（A）學習型組織理論（B）多元智慧理論（C）漸進決策理論（D）知識管理理論（E）鷹架理論。
180	B	教訓輔三合一方案中，所謂「初級預防」是指　（A）偏差行為學生的矯治（B）一般適應困難學生的輔導（C）嚴重適應困難學生的諮商（D）以上皆是
181	A	在教訓輔三合一方案的規劃理念中，強調教師的輔導職責在於進行有效教學，做好班級中輔導工作，屬於哪一階段的預防工作？（A）初級預防（B）次級預防（C）三級預防（D）四級預防（E）終級預防。
182	C	依據教訓輔三合一方案的規劃理念，學校的「輔導室」應更名為何，可以促使名實相符，且發揮專業分工的功能？（A）訓導處（B）學生事務處（C）諮商中心（D）研究處（E）輔導教室。
183	E	依據教訓輔三合一方案的理念，教師需具備教學、訓導與輔導的知能，下列哪一項屬於教師在「訓導」方面的專業角色？（A）教材教法的研發者（B）學習困難的診斷者（C）生涯發展的引導者（D）專門知能的傳授者（E）價值規範的澄清者。
184	C	依據教訓輔三合一方案的規劃理念，學校的「輔導處」應更名為何，可以促使名實相符，且發揮專業分工的功能？（A）訓導處（B）學生事務中心（C）諮商中心（D）研究處（E）輔導教室。
185	A	在教訓輔三合一方案的規劃理念中，強調教師的輔導職責在於進行有效教學，做好班級中輔導工作，屬於哪一階段的預防工作？（A）初級預防（B）次級預防（C）三級預防（D）四級預防（E）終級預防。

186	C	教訓輔三合一整合實驗方案中,所謂的「初級預防」是指?(A)偏差行為、嚴重適應困難之學生矯治、諮商與身心復健 (B)瀕臨偏差行為邊緣學生之諮商、輔導 (C)一般學生、適應困難學生之一般輔導 (D)以上皆是。
187	2	依教育部規定國小學生未經請假且未到校多少日列為中輟生必須通報協尋?(1)2日 (2)3日 (3)4日(4)5日。
188	D	輔導工作的歷史發展,最早是由哪一類的輔導工作開始?(A)生活輔導 (B)學業輔導 (C)心理測驗 (D)職業輔導。
189	C	下列敘述何者是錯誤的?(A)輔導是一種溝通的工作 (B)輔導是教育行政中的一環(C)輔導首重個別諮商 (D)輔導是一項專業工作。
190	C	就輔導的功能來說,擬定輔導方案時應注意哪些層面?(A)個人、團體、社會(B)生活、教育、職業 (C)預防、發展、診斷 (D)目標、策略、結果。
191	D	有關輔導工作中「諮商」的意義與功能的敘述,哪一項是錯誤的?(A)諮詢工作的目的在增加被諮詢者的效能,以提升對當事者的服務 (B)諮商是諮詢者與被諮詢者自願、合作性的問題解決過程 (C)諮詢是一種三角關係,包含了諮詢者、被諮詢者與當事人 (D)在學校中接受諮詢者往往是需要被協助的學生,諮詢者的角色就在提供學生協助。
192	B	依教育部「教、訓、輔三合一整合實施方案」而言,針對瀕臨偏差行為邊緣學生較為專業的輔導諮商,屬於哪一級的預防?(A)一級預防 (B)二級預防 (C)三級預防 (D)四級預防。
193	4	教育部為因應「建立學生輔導新體制」所採取的具體行動方案是 1.小班教學精神2.九年一貫課程3.兒童閱讀運動4.教訓輔三合一。

194	D	下列何者不是學校輔導計畫中的「次級預防」（secondary prevention）所提供給學生的服務措施？（A）個別諮商 （B）心理測驗 （C）同儕輔導 （D）心理治療。
195	D	建立學生輔導新體制三合一整合方案，係指：(A)預防、輔導、治療三合一 （B）學生、教師、家長三合一 （C）家庭、學校、社區三合一 （D）教學、訓導、輔導三合一。
196	A	台南市教育局計畫今年（93年）起將針對學校進行所謂的「教訓輔三合一策略聯盟」，請問即將聯盟的是指哪些學校？（A）全市國民中小學 （B)全市國中高中 （C)全市各大專院校 （D)全市各高中職。
197	C	教育部推動學生輔導新體制三合一整合實驗方案，是指哪三項？（A）教師、家長、學生 （B）預防、輔導、治療 （C）教學、訓導、輔導 （D）學校、社區、家庭
198	B	教訓輔三合一方案中，所謂「初級預防」是指（A）偏差行為學生的矯治（B）一般適應困難學生的輔導（C）嚴重適應困難學生的諮商（D）以上皆是
199	2	整合校內教學人員、訓導人員以及輔導人員三者的力量，建立各級學校教學、訓導、輔導三合一最佳互動模式與內涵，培養教師具有教訓輔統整理念與能力，並結合社區與校際間整體社區輔導資源共同投入，有效結合學校及社區資源，逐步建立學生輔導新體制，稱為(1)新輔導計畫 （2）教訓輔三合一計畫 （3）十年教育改進計畫 （4）校園組織再造計畫。
200	2	我國正推行「教訓輔三合一」，教育部請眾多學者齊聚一堂加以討論。某位學者要求先釐清「教訓輔三合一」此一教育術語之定義，以免淪為口號之宣導。從哲學思考的方法來看，這位學者最為接近下列何種教育哲學立場？（1）實用主義學派；（2）觀念分析學派；（3）存在主義學派；（4）人本主義學派。

201	A	下列有關中輟學生的輔導，何者最正確？　A.學校教訓輔三方面要共同努力 B.處理中輟生的最好方式是讓他回到原班級 C.學生未到校五日，必須通報中輟 D.教師要想辦法收留逃家的中輟生
202	1	部分國民中小學「訓導處」改名為「學生事務處」是依據那一個規定？（1）國民教育法（2）國民教育法施行細則（3）教師輔導與管教學生辦法（4）教學、訓導、輔導三合一整合實驗方案。
203	D	所謂的「教訓輔三合一」制度，是指（A）導師必須在訓導處和輔導處擔負行政工作（B）處分學生時，教師、訓導主任和輔導室主任都要在場（C）教導、訓導、輔導必須由同一個人執行（D）教師、訓導處和輔導室必須通力合作共同輔導學生。
204	B	依教育部「教、訓、輔三合一整合實施方案」而言，針對瀕臨偏差行為邊緣學生較為專業的輔導諮商，屬於哪一級的預防？（A）一級預防（B）二級預防（C）三級預防（D）四級預防。
205	C	教育部推動學生輔導新體制三合一整合實驗方案，是指哪三項？（A）教師、家長、學生（B）預防、輔導、治療（C）教學、訓導、輔導（D）學校、社區、家庭

是非題：

206	○	在學校輔導體系中，由輔導教師為有生活適應或偏差行為問題的學生進行個別或團體諮商，以減輕問題的嚴重性，屬於「三級預防」的層次。
207	○	在諮商輔導過程中，輔導人員對受輔者有保密的義務，不對外洩漏諮商過程所獲得的資料。但當受輔者有明顯傷害自己或他人的危險性時，輔導人員必須照會權責單位處理。

簡答題：

簡要繪出我國「輔導新體制—教訓輔三合一」整合架構圖。
教育部正在推展「教訓輔三合一輔導新體制」，請說明其主要任務為何？

玖、九十四年度學生訓輔（友善校園）工作辦理原則

為求學生訓輔（友善校園）工作有效執行及提升研習活動品質，九十四年度學生訓輔（友善校園）工作之規劃與執行，應依下列原則辦理：

一、整合相關資源，強化學生訓輔工作執行小組及輔導工作輔導團之功能，提報地方政府年度學生訓輔（友善校園）工作計畫

請地方政府檢視上年度推動「學生訓輔工作」之情形，並考量教育政策重點、學校及教師實際需求，本於權責結合社區輔導資源擬訂所屬年度整體學生訓輔（友善校園）工作計畫，並納入所屬年度督導項目（請提列具體實施策略、目標、自我評量方法，規劃各項活動之主要參與對象、人數及梯次，並審慎審查及統整所屬學校提報之各項活動計畫），於九十三年十二月底前提報教育部審查。

二、編列年度經費預算

請本部中部辦公室依據高中（職）學校需求並考量學生學習權，編列九十四年度執行學生訓輔工作經費。

各地方政府應依據地方需求、考量學生學習權以及教育部其他專案補助經費，編列九十四年度執行學生訓輔工作經費。尤其，九十四年度中央（行政院）對各地方政府教育設施補助經費（含中途學校之加計權數），應優先編列勻支。

三、建立訓輔人力資料庫

本於權責建立所屬單位及學校訓輔人力資料庫（其分類指標應包括：專業督導、講師、實務工作者），並有效運用。

要求所屬學校會同人事室彙整校內教師參加過各類研習名單與時數，以及有效掌握所屬各項資源中心學校資源，做好人力管理與評估工作，區隔各種研習活動對象，建立教師進修護照。教學、訓導及輔導人力應交互支援，進行有機結合，裨益資源有效運用及研習活動效益的提升。

四、地方政府推動訓輔工作業務傳承及建立標準作業流程

為落實推動學生訓輔（友善校園）工作，並減少因業務輪替或業務交接影響學生訓輔（友善校園）工作之執行成效。請地方政府規劃業務傳承之標準作業流程。

五、妥適規劃訓輔專業知能在職教育

各項在職教育應力求具體充實，舉凡課程、講座、分組提綱、場地安排、經費預算等，應具體明列，切合主題。另請於舉辦各層級校長或主任會議時，提列訓輔工作相關政策或議題，併同討論。

另對於參加工作坊的教師，應指定已參加過基礎及進階輔導知能研習者，才可以報名參加。

進行教師研習次數管理，以避免教師因參與研習，影響學生學習權，研習時間以周末、寒暑假期為原則；地點以學校或學校附近之場地為主。每一學期校長、主任或教師，出差參加校外相關輔導研習活動至多以四次為原則（學生不在學校期間及參與任務性、專業性之研習或會議，不在此限）。另請鼓勵

學校辦理校內教師研習，讓老師有充分的時間教學。

凡報名參加研習者，如有特殊理由無法出席，至遲應於活動辦理前三天通知承辦學校，否則一律派員參加，避免資源浪費。無故不到或中途離席者，應由本部中部辦公室及直轄市教育局、縣（市）政府發函通知所屬學校，另副知教育部。

六、督導所屬中小學推動學生訓輔（友善校園）工作執行成效之檢核及訪視

請本部中部辦公室及地方政府應就所辦理之學生訓輔（友善校園）之各項工作執行情形進行評估及檢討。

另請本部中部辦公室及地方政府應本於權責，就整體學生訓輔（友善校園）工作執行情形進行年度評估，並將評估結果報部。

七、配合政策重點

本年度學生訓輔（友善校園）工作相關議題推動重點，宜將中輟學生通報及復學輔導、學校社會工作的理論與實務、性別平等教育法之宣導、校園性侵害或性騷擾防治教育、兒童及少年保護、家庭暴力防治教育、生命教育、人權法治及品德教育、校園自我傷害防治、多元文化諮商等工作，納入年度計畫課程；另地方政府輔導網路應配合本部輔導網路定期進行資料管理、更新與維護。

重點整理：友善校園

教育部最新完成〔國民中小學友善校園評估手冊〕，手冊區分為「理念篇」、「現況篇」、「實務篇」、「操作篇」等

四個部分，並希望能全面地探討校園現況與促進性別平權友善校園空間的設計等議題。實際從學校建築的出入口、圍牆、人行道、警衛室、廁所、無障礙設施、運動場所、遊戲空間、走廊、建築物之間空地、地下室、垃圾場、停車場等不同場所細節，提示學校規劃空間應該注意的事項。教育部國教司副司長楊昌裕期待藉由更實際的案例和指標，讓各校更進一步成為實質的友善校園。

208	1	教育部九十四年度「友善校園」工作計畫中，推廣訓輔活動的執行事項裡，不包含下列何者①落實環境教育　②推動人權法治　③關懷中輟學生　④執行性別平等教育

拾、教育部發展「小班教學精神」計畫

資料來源：國教司

一、計畫緣起

降低國民中小學班級學生人數之政策，經提報行政院（八十七）年四月四日教改推動小組第七次會議審議，決議修正為：「至九十六學年度止，國中小一律三十五人編班」。為達成上述目標，本部自八十七會計年度起，即逐年大幅提昇補助各縣市政府降低班級人數所需之軟、硬體經費。然而就教育實務觀點而言，降低班級人數僅係一種「策略、過程與手段」，並非教育目的，確實發揮小班教學精神及功能，才是符應教育改革之宗旨。

依據本部八十七年三月編印之「台閩地區國民中小學概況統計」資料顯示，目前全國班級學生數達到三十五人以下之國中小有二〇五五校，二八六八三班；班級學生數超過三十五人之國中小有一、二〇四校，五三三二二班，如需俟全國每校每班學生人數均降至三十五人以內，才開始推動各項教學改進措施時，不僅緩不濟急，更會使我國教育問題益形沈痾，故如何在降低班級人數之同時，提升小班教育品質，實為本部當前最重要、急待解決的課題。

環顧當前教育改革重點，並衡量各縣市政府及中小學所面臨的課程教材、教學與評量、師資專業水準等改革問題，本部乃積極研擬「發展小班教學精神計畫」，以帶動各國民中小學進行各項改革。所謂「小班教學精神」，其意旨在於在於發揮「多元化、個別化及適性化」的教學精神，以滿足學生個別學習需求，在此目的與理念下，無論班級規模大小，小班教學精

<u>神均存在及適用之。</u>唯有教師記取「教學之妙，存乎一心」之理念，教學品質始能改善，而學生亦會將學習視為樂趣及主動探索的歷程。

二、計畫總目標

本計畫預計自八十七學年度至八十九學年度實施，希望在縣市政府及學校自發性主動參與之下，能達到「校校有小班、班班有小班教學精神」的基本目標。具體而言，本計畫有三項總體目標，茲析述如下：

（一）尊重學生個別差異，提供適性教育機會

在國民享有均等的受教權利及符應社會正義的理念基礎上，教師應正視學生存有個別差異之事實，因此，無論在教材設計、教法選擇、評量模式上，均應滿足每一位學生的學習需求，考量每一位學生的起點行為，以發揮學生多元智慧與身心潛能。

（二）改善班級師生互動關係

傳統教學多為教師單方面知識傳輸，而忽略與學生暨學生與學生間的多向溝通，也忽略彼此間建構適性的教學內容，在長期學習挫折下，極易造成學生厭惡學習、不喜歡上學之情形。未來希望透過本計畫內涵，積極要求師生建立良好的互動模式，提供更多元的活動設計，讓學生主動而快樂的學習，營造更優質化的班級經營。

（三）提高教師教學品質

降低班級學生人數之手段，並未詮釋保證教學一定成功；有效的教學應建基在卓越品質的老師以及學生學習成就上，而

非僅是教師有效的「完成進度」即可。透過小班教學精神的發揮，教師能自發性的學習成長、自編學生需要的教材與教具，採用科技媒體所賦予生動活潑的教學設計、並摘取更多元、更適合學生需要的評量方法，滿足師生「教與學」的新觀念、新作法，讓老師教的生活，學生學的自信，如此，教學品質才能逐步提升，本計畫精神庶能有效地達成。

三、工作組織與職掌

（一）教育部

　　成立「發展小班教學精神計畫工作小組」，其成員及職掌分別為：

1．成員：

　　遴聘常務次長為本工作小組召集人，成員包括：國教司司長、專家 學者代表、國民中小學校長、主任、教師代表、國教司主辦業務相關同仁。

2．職掌：

　　（1）規劃「發展小班教學精神計畫」之重點方向、原則、策略及相關事宜。

　　（2）審核及督導省市政府、縣市政府「發展小班教學精神計畫」之執行情形

　　（3）評鑑省市政府、縣市政府「發展小班教學精神計畫」之執行成效。

（二）省市、縣市政府

　　成立「發展小班教學精神計畫」，其成員及職掌分別為：

1．成員：

　　遴聘省市政府副廳〔局〕長、縣市政府教育局長為召集人，

成員包括督學室主任、主任督學、主管科〔股、課〕長、專家學者代表、民間教改人士、中小學校長、教師代表。

2．職掌：

(1) 規劃各該省、縣市政府「發展小班教學精神計畫」之重點、策略及相關事宜。

(2) 審核及督導所屬學校「發展小班教學精神計畫」之執行情形。

(3) 評鑑所屬學校「發展小班教學精神計畫」之執行成效。

(三) 各國民中小學

成立「發展小班教學精神計畫執行小組」，其成員及職掌分別為：

1．成員：

以校長為執行小組召集人，成員包括：各處室主任、教學組長、小班教學精神發展班教師數名、專家學者、學生家長、社區資源人士代表。

2．職掌：

(1) 擬訂校內「發展小班教學精神計畫」之實施辦法及相關事宜。

(2) 督導校內「發展小班教學精神計畫」之執行情形。

(3) 評鑑校內「發展小班教學精神計畫」執行成效。

四、實施原則

教育部為有效推動本計畫之落實，並衡量省、縣市政府及學校之實際情況，乃研訂五項實施原則據以規範本計畫的推動事宜：

（一）參與類型

依據學校班級人數多寡，區分為三類型學校：

1・第一類型學校：係指已達小班人數標準之學校〔班級人數在三十五人以下者〕

2・第二類型學校：係指未達小班人數標準之學校〔班級人數在三十六人至四十人之間者〕。

3・第三類型學校：係指班級人數規模較大之學校〔班級人數在四十一人以上者〕。

（二）參與原則

1・各縣市遴選各類型學校參加比率應相當，三年內各校均應設有小班教學精神發展班〔以下統稱小班教學班〕。

2・參與本計畫之學校，可視學校規模大小及學生人數多寡，決定參與的年級及班級數。第一類型學校得全員參與；第二類型、第三類型學校可選擇國中一年級、國小三、四、五、六年級之任一年級為優先參與對象。

3・參與本計畫之學校，如各年級總班數在三班以下者，以全校或全年級全部參加為原則；各年級總班數在三班以上者，則同一年級至少應有三班以上參與本計畫。

4・參加本計畫之班級，其學生數應與同年級各班學生數相當，不得變相減少班級人數。

（三）申請程序

1・由各類型學校依其教師意願及條件，主動向縣市政府提出申請。

2・縣市政府依參與原則辦理初選，亦可視參與校數之多寡依辦學狀況，遴薦適當學校參加，經教育部審查通過後確定參與對象。

3・教育部、省市教育廳局亦可主動推薦學校，經教育部專案
小組複選通過後參與。

（四）申請條件

1・學校校長、主任、教師、家長皆認同本計畫並全力支援。
2・學校本身已成立教師或家長成長團體，或有意願於進行本
項教學計畫時成立成長團體者。

五、實施策略

（一）規劃小班教學實施計畫

　　由教育部邀集學者專家、校長、主任與相關行政人員，研
訂「發展小班教學精神計畫」乙種，就本計畫之實施背景、工
作組織與職掌、計畫目標、實施原則，實施策略、預期效益、
經費需求與補助標準等方面，提出可行方案；並貴請省市政府
教育廳局、縣市政府督導學校依其現況與需求，規劃更詳實、
更具體之實施計畫，據以推動執行。

（二）加強小班教學師資研習

1・推展中小學教師小班教學理念：
　　（1）教育部每年七月分區辦理「小班教學行政人員及種子
　　　　教師研習」，參對象為各縣市教育局局長、主任督學、
　　　　學管課課長〔承辦人〕、小班教學學校校長、教務主
　　　　任及教師代表。
　　（2）縣市政府於每年八月配合教育部之研習，辦理轄區內
　　　　小班教學學校班級教師研習。
　　（3）各發展學校於每年九月辦理校內全體教師〔可包括未
　　　　參加小班教學班教師〕之研習。

（4）建立校內互動學習組織及共同目標，例如要求成立教師讀書會或教師成長團體等，結合周三進修與教學研究會，進行研討；必要時，開闢一專用空間，以陳列軟硬體資料，隨時應用。

2．辦理教材、教法師資研習：

（1）市政府定期辦理全縣〔市〕「課程教材及教師教學策略研習會、觀摩會或發表會」。

（2）各設有小班教學班學校每學期定期於校內辦理「課程教材及教師教學策略研習會、觀摩會或發表會」，俾分享教學經驗。

（3）縣市政府或學校辦理各類研習活動，請將電腦多媒體或視聽科技方法，融入各科教學活動，提昇教師自編教材、創新教學法的能力。

3．統一訂定研習教材：

　　為凝聚教師觀念與革新教學方法，除各縣市政府及學校得針對個別研習需求狀況自訂研習教材外，有全國一致性之研習內容者，由教育部統一擬訂教材，供縣市辦理各類研習活動參考使用。

（三）營造小班教學學習環境

1．充實小班教學環境設備：

（1）優先檢討與充實小班教學班之教學設備，並由教育部提供「基本教學設備需求配置表」，供各校檢核與補助之參考。

（2）各縣市結合其轄區內之資訊教育軟體與教材資源中心，教學軟體共用，並使其成為線上教材教法資源中心。

2．優先運用學校現有之設備：

（1）各校小班教學班得優先利用電腦教室教學空檔時間，安排進行「電腦輔助教學、INTERNET 網路教學、E-MAIL 教學」等活動，以活絡小班教學方法與效果。

（2）配合小班教學班教師之資訊教學能力，本部得專案補助班級教室設置網路電腦若干部，以學習角配置方式，隨機進行網路教學。

（3）各校小班教學班請善用校內現有圖書、教具及視聽設備等教學資源，以輔助教學活動之進行。

（4）各校小班教學班請善用教室剩餘空間，建置學習區〔角〕，以活潑教學方法。

（5）各小班教學學校請利用走廊廊道、壁面，設置學習成果展示區，以展現教學特色。

（6）各小班教學班教師請多元規劃「學習步道、生活廣場、劇場、生態園」等活潑式的教學場所，並編寫講義、學習指導手冊或學習單等教材，以啟發生學創造力、合作學習與解決問題的能力。

（7）各小班教學班每學期可辦理當日往返之戶外教學活動以開拓學生學習視野與生活經驗。

3．結合親職團體的參與：

（1）各小班教學學校請成立「家長成長團體」，增進家長關心兒童學習的權益。

（2）各小班教學班請辦理「親師會」，藉由親師座談或活動，溝通兒童在校的學習情形。

4．統整運用社區教學資源：

　　積極結合社區學有專長之人士，邀請其參與或協助學校各項教學活動。充分運用社區公共場所或社教機構進行戶外教學。

（四）改進小班教學課程、教材

1・各校彈性運用課程及教材：

(1) 各小班教學班請視地區特性，利用彈性應用時間、選修時間、導師時間、自習、作業指導等時段，調整課程結構及教學時數。

(2) 各小班教學班教師請依據學生個別差異及認知結構之起點行為，調整教科書內容或增加自編自選補充教材比例，以輔助學生個別化學習效果。

(3) 各小班教學班教師請透過學年間、班級間各科教師教學研討會，打破學科界線，統整教材內容，以使學生得完整的學習經驗。

2・教育部每年辦理「全國性教材發表會」，對優秀作品將給予獎勵；縣市政府每年辦理轄區內教師教材發表會，以激勵教師自編自創教材的能力。

3・教育部成立編輯小組工作群，有系統地蒐集小班教學精神有關之課程、教材文章及得獎作品，彙集成冊，出版專書。

（五）改進小班教學方法、評量

1・提升教師教學方法：

(1) 鼓勵老師自製教材、充分運用輔具及網路教學資源。

(2) 鼓勵老師依科目性質，採用活潑生動而有效的教學法。

(3) 鼓勵老師採用「學生團體思考、合作學習」方式，於班內進行分組教學；對部分學生評量結果差異甚大之科目，必要時得打破班際界線，分組進行教學，並隨時進行補救教學。

2・改進教學評量：

(1) 減少各科考試次數。

（2）適度降低各項評量難度，提升學生學習興趣與成就感。

（3）依科目運用多元評量方式，國小一年級上學期以表演、實作、報告等方式取代紙筆測驗；國中除每學期第二次定期考查使用紙筆測驗外，其他考查項目儘量以多元評量方式處理。

（4）評量內容以瞭解學生基本能力為主，勿強調零星瑣碎背誦性之學習內容

（5）教師命題儘量設計開放性題目，啟發學生表達不同思考。

（6）評量結果多使用文字描述方式呈現，勿僅以分數或等第呈現。

（六）成立小班教學輔導諮詢單位

1．分區成立「小班教學輔導諮詢中心」：

（1）組織成員：由區內設有大學教育學程中心之學者專家、民間教改團體人士、中小學主任、教師數名、聘雇人員一名共同組成之。

（2）輔導中心之功能：

① 每日定時〔至少三小時以上〕利用電話、網路、傳真、郵件等多媒體科技方法，提供教師教材教法疑難解答之服務。

② 結合縣市輔導團定期巡迴輔導國民中小學。

③ 提供課程、教材、教法新知，辦理教師研討會或座談會。

④ 每周出版通訊刊物[Newsletter]，隨時提供教師最新情報、教學理念及問題解答[Q&A]。

2．充實小班教學輔導諮詢中心設備：

（1）由教育部補助輔導諮詢中心設置傳真機、電話專線、行政網路電腦設備、網路專線（ISDN）等設備，並優

先結合各縣市「資訊教育軟體與教材資源中心」予以
整合。

（2）由教育部補助該輔導諮詢中心聘（約）雇人員乙名，
採每年一聘方式辦理。

（七）評鑑小班教學成效

1・由教育部聘學者專家、教育行政人員、中小學校長、主任、
教師代表擬訂「小班教學實施成效評鑑指標」乙種，做為
中央、省市政府教育廳局及縣市政府評估本計畫實施成效
之依據。

2・各發展班學校應成立評鑑小組，每年辦理一次校內自我評
鑑。

3・中央、省市廳局及縣市政府完成評鑑報告，並依評鑑成果，
辦理各發展學校及老師之獎勵。

4・配合評鑑結果，改進本計畫之執行方式。

（八）推廣小班教學作法

教育部、各省市政府教育廳局及縣市政府每年度應籌編專
款，積極配合左列各項宣導小班教學班之實施成效：

1・編製小班教學精神宣導手冊〔適用對象：教師、家長〕。

2・編製小班教學精神宣導錄影帶。

3・製作小班教學精神廣播節目或電視影集。

4・建立網路烘焙機[Homepage]，供社會人士及教師查詢。

六、預期效益

本計畫預定自八十七學年度至八十九學年度實施，主要達
成的預期效益析述如下：

（一）至八十九學年度止，全國各國民中小學校內均設有「小班

教學班」

（二）中小學教師能改變傳統教學觀念與方式，願意創造、運用
多元化的教學法，且逐年增加使用次數。

（三）中小學教師每學期皆能自編多元化的教材與評量方法，並
符合學生個別需求。

（四）把每位學生都能帶上來，使其賦有強烈的主動學習意願，
懂得利用探究與搜尋資料等學習方法，以及良好的學習習
慣，呈現多元的學習成就。

（五）經由師生互動的密切與關心，減少學生偏差行為，降低中
途輟學率。

（六）各校皆能認同理想的教育願景，永續以學習型成長團體，
共同經營學校，營造各校一流形象與特色。

七、經費編列、補助原則及標準

（一）經費編列

為有效推動本計畫之執行，本部自八十八會計年度開始，
每年預估至少編列六億元專款，並逐年檢討實施成效，至九十
會計年度止預計至少投入十八億元，以協助各省縣市政府辦理
本計畫活動。

（二）補助原則

本部為統整規範各省市政府教育廳局、縣市政府及中小學
辦理本計畫各項策略及活動，爰訂有補助原則如次：

1．除研習及教材教具費用外，各校小班教學班之基本教學設
備，三年內以補助一次為限，不得重複申請。

2．各小班教學班教師如具備良好的資訊素養條件，且樂於運
用電腦輔助教學，得專案向教育部申請，於教室內裝設網

路電腦設備，經審核通過後教育部全額補助。

3．各縣市政府需於每年六月底前依據申請表，審慎查核、彙整各參與學校名單及經費需求，報部審核辦理。

4．各縣市辦理小班教學班成效卓著之學校，得核實擬訂具有特色之教學計畫，送請省市廳局專案審查後，報請教育部補助。

（三）補助標準

1．辦理研習會：

(1) 縣市辦理轄區內五十人以內之教師、家長、親師研討會、發表會、觀摩會、座談會等,每場次補助四萬元；五十人以上者，每場次補助五萬元；一百人以上者，每場次補助六萬元。

(2) 各小班教學學校辦理校內研討、觀摩、發表及進修活動，每班補助鐘點、材料暨圖書費二萬元，每校最高不超過二十萬元。

2．設備費：

(1) 各小班教學班以每班補助十萬元為原則，用以建置充實學習區及購置基本設備，每校最高不超過五十萬元，本部將視各校所提計畫調整補助經費。

(2) 每部電腦補助三萬元，連線設備費用二萬元〔含普通教室及電腦教室之網路連線〕，至網路電信費及維護費應請縣市政府或學校自籌辦理。

3．教材教具費：各小班教學班每學期補助教材教具、電腦輔助教學軟體費用合計一萬元，每校最高不超過十萬元。

4．小班教學輔導諮詢中心：

(1) 補助各區成立──「小班教學輔導諮詢中心」，每中

心補助資訊等設備五十萬元，以補助一次為限。

(2) 補助圖書、教材、教具等費用，每年二十萬元。

(3) 補助中心聘雇人員乙名，其敘薪依聘雇人員條例規定辦理，每年薪資預估五十萬元。

(4) 補助諮詢人員值班、開會費用，每年七十萬元。

(5) 補助研討會或座談會每次四萬元，每年八萬元。

(6) 補助諮詢人員巡迴輔導各校交通費，每次二百元，每年不超過五萬元。

(7) 補助編印通訊[Newsletter]每年十萬元。

5．評鑑：補助縣市進行評鑑之學者專家每人每校評鑑費用一千元。

八、附錄

(一) 實施期程及分工表

(二) 發展小班教學精神、目標、與重點參考表

(三) 發展小班教學精神計畫申請流程圖

(四) 教育部發展小班教學精神計畫基本教學設備需求配置表

重點整理：小班教學精神

(一) 三項總體目標：

1．尊重學生個別差異，提供適性教育機會。

2．改善班級師生互動關係。

3．提高教師教學品質。

(二) 實施策略：

1．規劃小班教學實施計畫。

2．加強小班教學師資研習。

3．營造小班教學學習環境。

4．改進小班教學課程、教材。

5．改進小班教學方法、評量。

6．成立小班教學輔導諮詢單位。

7．評鑑小班教學成效。

8．推廣小班教學作法。

209	A	下列哪一個<u>不是</u>小班小校政策的主要教學精神之所在？(A) 實驗性 (B) 個別性 (C) 適性化 (D) 多元性
210	C	下列哪一項不是教育部國教司推動「小班教學精神」的教學理念？(A)適性化 (B)個別化 (C)卓越化 (D)多元化。
211	C	下列哪一項不是教育部國教司推動「小班教學精神」的教育理念？(A)多元化 (B)適性化 (C)卓越化 (D)個別化。
212	4	「小班小校」的精神其實就是：①課程統整 ②協同教學 ③多元評量 ④適性教學。
213	4	教育部於八十七年度提出「發展小班教育精神計畫」，所揭示的小班教學目標，不包括下列哪一項？(1)提供適性教育機會 (2)改善師生互動關係 (3)提升教師教學品質 (4)促進學生學習效果。
214	D	下列何項並非發展小班教學精神計畫的主要目標？(A)個別化 (B)適性化 (C)多元化 (D)現代化。
215	C	下列哪一項不是教育部國教司推動「小班教學精神」的教育理念？(A)多元化 (B)適性化 (C)卓越化 (D)個別化。

填充題：

| 216 | 適性化 | 小班教學精神的主要教育理念有：多元化、[　　]和個別化。 |

是非題：

217	×	要能真正發揮小班教學的精神，應在班級中為個別學生實施個別化教育計畫（IEP），鼓勵學生獨立學習。

簡答題：

政府為提升國民中小學班級教學品質，推展「小班教學精神」教育政策，其主要的教學理念為何？

拾壹、人權教育實施方案

民國 90 年 6 月 14 日台（90）訓（一）字第 90077377 號函頒

一、方案緣起

　　聯合國於一九四八年十二月十日公布「世界人權宣言」，內容涵蓋公民、政治、經濟、社會和文化權等個人基本權利的保障，並呼籲學校教育應提倡對權利與自由的尊重。到了一九九四年聯合國大會又通過決議，將一九九五年至二〇〇四年訂為「人權教育十年」，以積極推動人權教育，傳播人權宣言的理念，讓每個人都能理解人權的意義，塑造普遍性的人權文化，人權教育因而受到國際社會的普遍重視。

　　進入二十一世紀，人權已成為世界各國民主化的指標，提升人權也成為民主國家努力的目標。為培養人民尊重人權，將人權理念落實於學校教育，並保障學生基本權益，教育部特訂定「人權教育實施方案」，加強宣導人權觀念，進而改善我國人權狀況，建構自由民主法治之美好社會，並善盡世界公民之責任。

二、方案目標

　　促進人權教育研究之發展，提升教師人權知能與態度，充實人權教育課程教材，將人權教育融入各學習領域，並加強宣導人權理念，培養社會大眾人權素養，進而改善學校人權狀況，以營造人權保障與尊重的教育環境。

三、實施期程

自九十年一月一日至九十三年十二月三十一日止（共四年）

四、實施原則

（一）雙元性：提高個人對自我權利的瞭解，同時加強對他人
權利的尊重。

（二）融入性：人權教育不限於單獨科目之教學，應整合於各
項教學活動。

（三）全面性：結合政府各機關及民間團體資源，共同參與推
動人權教育。

（四）生活性：使人權理念具體落實於個人生活、家庭生活及
社會生活中。

（五）漸進性：敦促學校主動積極參與，逐步累積相關資源成
果擴大推展。

五、實施策略

實施策略	執行項目	主（協）辦機關、團體或機構
（一）規劃人權教育之研究發展與評鑑	1. 建立人權教育資料庫與網站，並分北中南區成立人權教育資源中心 2. 鼓勵學者專家從事人權教育研究 3. 辦理提升學校人權相關研討會 4. 建立學校人權指標 5. 加強人權教育國際連繫與交流	1. 教育部、民間團體 2. 教育部、民間團體 3. 民間團體 4. 教育部（民間團體） 5. 民間團體
（二）培訓人權教育	1. 辦理中小學人權教育種子教師工作坊	1. 教育部（民間團體、各中小學）

實施策略	執行項目	主（協）辦機關、團體或機構
師資	2. 鼓勵師資培育機構開設人權教育講座及人權教育相關課程 3. 整合相關教師研習活動，培育教師人權觀念	2. 師資培育機構 3. 主管教育行政機關（教師研習中心）
（三）發展人權教育課程及教材	1. 編印並發送人權教育補充教材 2. 補助人權教育教材教案之設計與研發 3. 融入「國民中小學九年一貫課程」各學習領域 4. 鼓勵高中職校開設人權教育講座，並列入高中職校相關課程 5. 鼓勵各大專校院於通識教育課程列入人權教育相關主題	1. 主管教育行政機關（民間團體及各級學校） 2. 主管教育行政機關及民間團體 3. 主管教育行政機關（各國中小） 4. 教育部（各高中職） 5. 教育部（各大專校院）
（四）加強人權教育宣導	1. 編印相關手冊資料發送各級學校 2. 辦理學生人權教育營 3. 辦理各縣市學校人權教育觀摩會 4. 製播相關專題報導及宣導短片 5. 辦理人權教育相關親子活動 6. 辦理社區人權教育相關活動	1. 主管教育行政機關、民間團體（各級學校） 2. 主管教育行政機關、民間團體（各級學校） 3. 主管教育行政機關（各中小學） 4. 教育部（傳播媒體） 5. 主管教育行政機關及社教館所（民間團體） 6. 主管教育行政機關及社教館所

實施策略	執行項目	主（協）辦機關、團體或機構
		（社區大學、民間團體）
（五）改善學校人權措施	1. 落實「教師輔導與管教學生辦法」 2. 研議學生操行成績之改進方向 3. 建立完善師生申訴制度 4. 加強推動族群平等教育 5. 強化校園安全措施 6. 持續推動無障礙校園環境之措施	主管教育行政機關（民間團體、各級學校）

六、經費需求

　　除由各辦理單位編列年度預算支應外，並可由推動單位提出專案申請補助，經審核通過者，以補助經常門經費為主。

七、評估考核

（一）本方案由教育部進行列管，並由各主管教育行政機關每半年填報相關執行成果，提報教育部人權教育委員會討論，俾作為本方案評估與檢討之參考。

（二）各辦理單位可依據本方案訂定年度計畫及相關規定，並知會本部，作為工作推動及措施考核之依據。

（三）本方案應列為督學校務視導之重點及各校辦學指標之參考，各單位並得配合辦理考核評估及獎懲。

八、預期成效

（一）藉由人權教育之研究，促使各界對人權議題之關注並對人

權之核心價值有所瞭解。

（二）透過人權教育相關資源之建置與整合，協助學校及社區規劃推動人權教育，有益人權文化之建立。

（三）透過人權教育研習活動，提升教師之人權理念與知能，並能將人權理念有效融入於各教學領域中。

（四）透過人權教育之實施，培養學生人權素養，進而使其瞭解自我之權利與義務並確實習得尊重他人之態度。

（五）藉由人權觀念之宣導，培養國人人權素養，逐步改善學校與社會人權狀況。

重點整理：人權教育實施方案

實施策略：

（一）規劃人權教育之研究發展與評鑑

（二）培訓人權教育師資

（三）發展人權教育課程及教材

（四）加強人權教育宣導

（五）改善學校人權措施

拾貳、學齡前幼兒英語教育政策說帖

民國 93.10.18 台國字第 0930122656 號函

緣起

近來社會大眾對於幼兒是否該學英語？學甚麼？怎麼學？學到甚麼程度？等議題討論十分熱切，為了澄清社會大眾的疑慮，本部在蒐集相關研究文獻，並多方諮詢家長、幼教工作者及語言學、幼兒教育、英語教育等方面的學者專家意見後，配合目前國內法令、師資、課程的配套條件，審慎研擬出以下「幼兒英語教育政策」的立場和主張，希望能有助於大家的瞭解與支援。

我們強調「一個前提、兩個堅持、三種主張、四項作法」

一個前提

依據兒童及少年福利法第五條：「政府及公私立機構、團體處理兒童及少年相關事務時，應以兒童及少年之最佳利益為優先考量。兒童及少年之權益受到不法侵害時，政府應予適當之協助與保護。」及幼稚教育法第一條：「幼稚教育以促進兒童身心健全發展為宗旨。」，本部即以「保護學齡前幼兒身心發展之最大利益」為前提，基於依法行政、尊重專業及衡量與本政策攸關的重要關係人之利益下，研擬出適切可行的幼兒英語教育政策。

兩個堅持

除了以保護學齡前幼兒身心發展之最大利益考量為前提外，我們堅持必須遵照法令規章之合法性與尊重學理研究之專業性，研擬出適切可行的幼兒英語教育政策。

一、堅持依法行政—推動幼稚園正常化教學

就法令規章而言，依據幼稚教育法第三條規定，幼稚教育之實施，應以健康教育、生活教育及倫理教育為主，並與家庭密切配合，達成維護兒童身心健康、養成兒童良好習慣、充實兒童生活經驗、增進兒童倫理觀念、培養兒童合群習性等目標。課程安排則依照「幼稚園課程標準」分為六大領域（健康、語文、常識、遊戲、工作、音樂六類），採統整式教學，以生活化、遊戲化之方式實施教學活動。

二、堅持尊重專業—以學術研究為後盾

就學理研究而論，依據大腦神經科學、語言學、英語教育的相關研究發現，第二語言或外語學習的關鍵期假說並不成立，而在英語是外語的環境下，幼兒學得快、忘得也快，愈早學習並不保證英語能力就一定好，反而是認知發展較成熟的青少年學習外語會比幼兒有效率得多，先掌握本國語文的讀寫能力和語言規則對於學習外語會有所幫助；另依據幼兒教育的相關研究發現，在「全英語」、「No Chinese」的環境下，由於語言的隔閡，幼兒不僅易產生偏食學習、學習內容的深度與廣度會受限，還可能出現一些溝通障礙、情緒困擾、價值觀扭曲、與文化認同的問題，甚至影響中文能力的發展。

三種主張

在一個前提兩個堅持之下，我們的幼兒英語教育政策有以下三項主張：

一、語言學習順序應為先母語、再國語、後英語

既然研究發現本國語言是學習外語的基礎，經考慮幼兒身心發展之特性與目前本國環境之配套條件，語言學習順序應為<u>先母語、再國語、後英語</u>。所以目前教育部的規劃是學齡前幼兒及國小一、二年級兒童的語言學習重點在於母語及國語能力的培養，當本國語文的基礎穩固後，再開始正式學習外語，而從九十四學年度起，英語課程將正式從<u>國小三年級</u>開始實施。

二、幼兒接觸英語應以「促進文化學習與國際瞭解」而非「培養流利的英語能力」為目標

既然依據現行幼稚園課程標準，「培養流利的外語能力」並非課程目標之一，專業的研究證據也不支援「英文愈早學才能學好」，而幼兒學習英語又並非優質、正常化幼兒教育的絕對必要條件，亦不符合教育部預定從國小三年級正式開始實施英語教學的政策；所以學齡前幼兒的英語教育政策將採「選修」而非「必修」的立場，我們反對幼稚園實施「全英語」、「No Chinese」的教學，或安排幼兒整個早上或從早到晚學英語；但在不影響正常教學的情況下，採「融入式」教學、以「促進文化學習與國際瞭解」為目標者，或在課後安排英語才藝課程，以聆聽歌謠、說故事、玩遊戲等適合幼兒學習的方式，讓幼兒有機會接觸英語者，則不在禁止之列。

三、幼稚園不可聘任外籍老師教授英語教學活動

學齡前幼兒需要在與他關係親密、讓他有安全感的大人照顧下學習與發展，而這絕非大多數未受幼教專業訓練、無合格幼教師證照、流動率高、將自己定位為「教英語」的外籍老師所能適任的；何況外籍老師在幼稚園任教，完全不符合現行就業服務法第 46 條之相關規定。如果幼稚園要提供幼兒接觸或學習英語的機會，應由持有合格幼稚園教師證照的本國籍老師擔任較為適切。

四項作法

一、加強宣導

以文宣刊物、電視廣告、平面媒體、電子媒體等方式，提供家長及社會大眾有關幼兒期所需注意的身心發展狀況、學習任務及本部幼兒英語教育政策的正確資訊，大力宣導所謂優質、正常化幼兒教育的內涵及哪些教學活動方式不宜。

二、依法取締

依據「幼稚教育法」、「幼稚教育法施行細則」及「幼稚園課程標準」等相關法令，對於幼稚園之名稱、師資與課程安排均有明文規定。幼稚園或補習班若違反相關法令，採「全英語」、「No Chinese」教學，在招牌、網站、宣傳單上以「雙語」幼稚園、「幼兒美語學校」、「國際美語幼兒學校」等違法立案名稱為號召，或聘任外籍老師任教，則依照其違法事實，依據補習及進修教育法第二十五條或幼稚教育法第十九條規定予以處分。

三、修訂幼稚園課程標準

目前的幼稚園課程標準，完全未針對外語在幼兒教育中的定位、如何適切地提供幼兒接觸外語的活動及方式作說明。將來修定時，我們會在「社會」領域的「促進文化學習與國際瞭解」目標中，強調幼稚園可藉由提供幼兒接觸外語的機會，達成「瞭解多元文化」的目標，並提供讓幼兒接觸英語之合宜、不合宜的教學活動方式與實例；也會在「語文」領域的目標中，加強陳述幼兒的語文學習是以「培養母語及國語能力而非流利的外語能力」為目標，當幼兒本國語文的基礎穩固後，進入<u>小學三年級</u>再開始正式教授外語。

四、進行長期相關研究，作為調整我國（幼兒）英語教育政策的方針

政策研擬需以專業的學理研究為後盾，由於目前有關在英語是外語的情況下，我國兒童如何學習外語的國內外研究非常稀少，所以需進行長期相關研究，以作為未來調整我國（幼兒）英語教育政策的方針。目前已委託專業學術機構，針對「提早於幼兒階段學習英語與後續英語、國語能力之相關研究」進行專案研究，預計將於九十三年年底發表研究結果。

<u>重點整理</u>：幼兒英語政策

近年來台灣的英語教育全面發燒，各地方政府都以此做為競選的政見，實施的結果為各地開始的年級不一，造成城鄉的差距問題。最後由教育部統一規定從<u>國小三年級開始</u>。

教育部針對台灣地區國小五、六年級以及國中一、二年級學生，進行英語、國語能力評量，回收問卷一萬兩千六百二十

七份，分析發現提早於幼稚園階段學習英語，與進小學後才學英語的學生，英語及國語能力並無顯著差異。（中央社劉嘉韻，94/03/03）

此研究發現，提早於幼稚園階段學習英語與進小學後才學英語，對於後續英語、中文能力及學業總體表現並無太大差異，教育部因此表示，幼稚園階段學英語「投資報酬率低」，家長不必讓孩子太早學英語。教育部對於學齡前幼兒英語教育政策，主張要推動幼稚園教學正常化，以及幼稚園不可聘任外籍老師教英語。

217	2	關於幼兒是否學習美語一事，教育部於93年2月9日曾發佈新聞稿說明立場，下列何者與教育部的立場相違：①有關應予教育政策，應先以母語、國語，後英語等漸進②如果需要採分科進行教學，應聘任合格教師為之③加強對未依法設立之「雙語幼兒園」、「美語幼兒學校」，嚴加查處，亦不得以雙語幼兒園或美語幼兒學校之名義對外招生④幼教機構將美語視為學習材料，配合時令季節與特殊慶典活動，需要進行偶發性、非特定性之融入式學習活動，並未違法。
218	④	有關教育部的幼兒英語教育政策，下列敘述何者適切？①可經由補習班仲介外籍教師 ②採雙語或全英語教學 ③採分科教學④採融入式教學。
219	B	依據教育部現行規定，國小從哪一年級開始教英語？ ①一年級②三年級③五年級④六年級。
220	4	關於幼兒是否學習美語一事，教育部於93年2月9日曾發佈新聞稿說明立場，下述何者與教育部的立場相違：(1) 有關英語教育政策，應以先母語、國語，後英語等漸進；(2) 幼教機構將美語視為學習材料，配合時令季節與特殊慶典活動需要，進行偶發性、非特定性之融入式學習活動，並未違法；(3) 加強

		對未依法設立之「雙語幼兒園」、「美語幼兒學校」，嚴加查處，亦不得以雙語幼兒園或美語幼兒學校之名義對外招生；（4）如果需要採分科進行教學，應聘任合格教師為之。
221	2	《幼稚園課程標準》最近一次修訂是在何時？（1）民國70年；（2）民國76年；（3）民國78年；（4）民國92年。
222	BD	教育部將引進外籍人士擔任國民中小學外語教師，下列有關敘述何者為正確？（A）只有私立學校可聘任外籍教師（B）外籍教師聘任前應具備相關教學經驗（C）教學應以外籍教師為主，本國教師為輔（D）外籍教師的聘任以偏遠地區學校為優先。（複選題）
223	B	下述哪一個國家實施雙語教學政策？（A）中國大陸（B）新加坡（C）澳洲（D）日本

拾參、國民中小學組織再造及人力規劃方案（草案）

一、前言

　　為因應九十學年度九年一貫課程之實施，以及學校本位的管理，積極解決長久以來國小教師工作負荷過重之困境。同時，以班級為單位計算教師員額已經不能符合新的學校經營理念，教學、課程準備、教學支援工作必需通盤檢討。

　　目前人力需求計算方式是考量行政需求、教學需求、導師需求等事項與班級編制合併計算，惟未來有關國民中小學組織員額，將配合學校規模以及各校需求做總員額管制，並就與教學有關的行政作整體規劃，至於與教學無關的行政工作亦可考量採勞務外包等方式處理；有關教師教學方面，就班級經營管理之特性，考量採<u>變動式按班編制</u>方式，以呼應教師專業需求，除就教學、課務準備、學生輔導、校務分工以及教學研究時數通盤檢討外，亦就兼任、共聘、巡迴教師之資格、條件與原則訂立規範，以及兵役替代役支援人力妥善應用機制等，朝向循序漸進方式，達到學校行政與教師專業負荷趨於平衡之狀態。

　　再者，為配合九年一貫課程之實施，維護學生受教權益，「國民中小學組織再造及人力規劃專案小組」將參照政府組織員額方式訂定一基準，再賦予縣市政府彈性之處理空間。另優先改善國民小學人力負荷窘境，將以八十七年度教改行動方案所核定的人力配置所有剩餘員額，約 <u>2688 人</u>，悉數用於國小人力之調增，並一次補足。

二、目標

（一）減輕教師行政負擔，符應學校專業需求及教師專業自主。

（二）因應九年一貫課程之實施，並呼應學校本位管理。

（三）建立學校教職員總員額量制度，落實績效責任制度。

三、實施原則

　　在最小經費規模需求下，立即而逐步漸進的調整教師工作內容，以呼應教師之訴求；預留實驗觀察之空間，為緊接著的教師合理工作份量之分析研究，提供觀察比較之基礎。

（一）減輕教師教學及行政負擔

1・行政專業專責：將目前國民小學行政工作中非屬教學行政之專業行政工作（總務處之事務、出納、文書）由教師兼任改由具備「一般行政」專長之職員分工。

2・教學行政工作適度分工：將教學支援之行政工作（教務處之註冊、設備圖書）由教師兼任改由具備「教學行政」專長之職員分工。教師僅負責班級行政及因教學與輔導工作需要的教師行政工作。

3・減少教師授課時間數，調整為行動研究所需時間

（二）配合「九年一貫課程」之實施

　　過去以統編本課本教學的國民中小學員額，不易面對即將而來的學校本位課程、自編自選教材、教學創新、合作團隊教學的九年一貫課程，因此其人力的配套機制勢須有所調整。

1・除教學、輔導、行政之外，新課程更賦予教師課程與教材研究之角色。

2・新課程學生學習節數、教師之授課節數亦須做相對應之調整。

3・新課程強調「協同教學」、進行社區互動，應有適當比例，活動課程，營造社區本位文化。

4・新增國小英語、鄉土語文等課程，限於師資培育的期程，將賴「合聘制度」以緩解問題。

5・目前教師教學時數已漸趨飽和，且行政負荷過重，不易從事創新教學與學校本位課程之研究。

（三）落實「總員額量管制」之內涵

為利學校本位管理與績效責任制度之建構，人力資源之發揮勢須進行合理有效之調整，以落實全面品質管理的功能。

1・員額計算基準由中央規劃，地方政府與學校在實際運用員額額度時，可採彈性調撥方式；並考量現實動態，將「員額計算基準」與「員額運用實況」分開。

2・總員額量因應政策或有增減，但專任員額、兼任、委外與聘雇人力等，應適切訂定其比例，並妥善運用合聘制度。

（四）調整國民中小學組織與人力架構

適合趨勢與效能的組織應作必要的調整，包括修訂「國民教育法」第十條，將「處」的編制鬆綁，落實教、訓、輔三合一制度功能；另進一步修改「國民教育法施行細則」，將「組」的編制訂立彈性，由各校依實際需要設置。

（五）依教改行動方案調降每班學生人數至卅五人

（六）發揮教育經費使用效益

增加人力的問題，本質上是財政問題，不單純以教育問題為考量；因此，其規劃必須以「付得起」為前提。而現階段，社會對教育財政的要求，乃至整個政府財政的要求應朝向「有效能」化方式建構。

　　「基本需求補助」與「教育員額基準線」是教育財政上的典範轉移。多數人的思考方式要隨之轉變，其組織與人力架構亦然。因此，在最小經費規模需求下，立即而逐步漸進的調整教師工作內容，以回歸教師合理專業自主之訴求。

四、實施方式及績效評估

（一）短程措施

1．調整行政組織：

　　（1）調整重點：

　　　　① 訓導處改名為<u>學務處</u>。

　　　　② 採總量管制，僅訂定學校各組組數。

　　　　③ 各組組長得由職員專任或總務處各組組長得由職員專任。

　　　　④ 各組設置原則由直轄市及縣（市）政府定之，以應地方需求。

　　（2）基本架構：

		組織架構	
國民小學	12班以下	一、設教導、總務二處及輔導室或輔導教師。 二、設二組。	一、各校置校長一人，專任。 二、各處、室置主任一人，均由教師兼任。
	13到24班	一、設教務、學務、總務三處及輔導室或輔導教師。 二、設八組。	三、甲案：各組組長得由職員專任或由教師兼任。 乙案：除總務處各組組長得由職

	25班以上	一、設教務、學務、總務三處及輔導室 二、設十三組。	員專任外，其餘各組組長均由教師兼任。 四、各組設置原則由直轄市及縣（市）政府定之。
國民中學	6班以下	一、設教導、總務二處及輔導室。 二、設二組。	一、各校置校長一人，專任。 二、各處、室置主任一人，均由教師兼任。 三、甲案：各組組長得由職員專任或由教師兼任。 乙案：除總務處各組組長得由職員專任外，其餘各組組長均由教師兼任。 四、各組設置原則由直轄市及縣（市）政府訂定之。
	7班到12班	一、設教務、學務、總務三處及輔導室。 二、設八組。	
	13班以上	一、設教務、學務、總務三處及輔導室。 二、設十三組。	

2．減輕教師工作負荷及滿足教學與研究需求：

（1）週休二日後，國民小學每班每週已經減少授課 4.5 節（導師時間 20 分）。

（2）實施九年一貫課程之學年，例如一年級每班每週可以減少授課 3.5 節。

（3）依照行政組織調整方案調整並全面實施九年一貫課程之後，與實施周休二日前比較，13-24 班之學校減少二

位教師兼任組長，每週可以減少教師授課共 30 節（15×2），共減少 30＋8×班級數；25-48 班之學校減少四位教師兼任組長，每週可以減少教師授課共 60 節（15×4），共減少 60＋8×班級數；49-72 班之學校，減少四位教師兼任組長，每週可以減少教師授課共 60 節（15×4），共減少 60＋8×班級數。72 班以上之學校，減少四位教師兼任組長，每週可以減少教師授課共 60 節（15×4），共減少 60＋8×班級數。以上節數均分予各班級任教師，則級任教師將可以增加行動研究所需時間。

（4）在 13 班以上之學校改設研究組，可滿足各校對於學校課程研究之需要。

（5）聘任兼任、合聘教師，以因應九年一貫課程需要。

3・配合修正相關法令：

（1）國民教育法第 10 條：行政組織之鬆綁

（2）國民教育法第 11 條：兼任教學工作人員之聘任

（3）國民教育法第 12 條：員額編制標準

（4）廢止國民教育法施行細則第 17 條：有關組別之名稱及數量

4・九十年度對各縣市員額補助原則：

（1）教師部分：採取變動式按班編制，並以減輕九年一貫課程實施後國民小學小校員額不足問題為優先考量，爰以國民小學六班以下每班編制一・七人，十二班以下每班編制一・六人，十三班以上暫維持原有編制。預計需一、二五四名員額。

（2）職員部分：因應教師免兼若干與教學完全無關之行政工作，原有職員編制級距係以七十二班為分界點，為

利學校整體運作發展，擬於十三班至二十四班之學校增置職員乙名。預計需四五八名員額。

（3）國立師範校院等附屬實驗國民小學為九年一貫課程示範學校，並兼具教學研究及教學實驗功能，基於帶動國民教育示範性指標，擬提高編制至每班一‧七人，預計需七十名員額。

（4）餘九○六名員額以優先投注於實施九年一貫課程之人力需求（含英語、鄉土等……），並以各縣市國民小學班級數分配經費，由各縣市政府依地方特色及需求彈性規劃運用。

（二）中長程計畫

1‧教師員額配置方面：

在中央總經費能彈性且優先運用於國民中小學體制改造之前提下，評估經費的合理效益及人力資源的均衡運作，以落實學校績效責任，及學生受教品質；依時程調整國民中小學員額及教師授課時數，故呼應小班教學，校本課程配套措施，以及有效行政之緩解，其經費及方式如下：

期 間			35 人編班			課程輔導教師			協同教學額外員額		國小導師每週授課 20 節國中非導師每週授課 18 節	
			方式	員額	經費	方式	員額	經費	員額	經費	員額	經費
第一期	91.8 -92.7	國小	1-5 年級	666	5.2	7%	1004	7.8	1193	9.3	3296	25.6
		國中	1-2 年級	-352	-2.7	5%	982	7.6	646	5	2013	15.6
第二期	92.8 -93.7	國小	1-6 年級	1364	10.6	10%	1152	9	1146	8.9	3279	25.4
		國中	1-3 年級	1292	10	10%	1076	8.3	663	5.1	2018	15.7

| 第三期 | 93.8 -94.7 | 國小 | 1-6 年級 | 689 | 5.3 | 10% | 0 | 0 | 1150 | 8.9 | 3275 | 25.4 |
| | | 國中 | 1-3 年級 | 296 | 2.3 | 10% | 0 | 0 | 641 | 5 | 1995 | 15.5 |

<u>說明及內容</u>：配合九年一貫實施期程，本表將員額調整共分為三
　　　　　期。表中所稱「員額」為該項措施所需新增之員額；
　　　　　所稱「經費」為新增該項措施所需增加之經費，單
　　　　　位為億元。

　　國小皆調整為<u>導師每週授課 21 節</u>，<u>非導師每週授課 23 節</u>；
國中非導師<u>國文每週授課 18 節</u>，<u>非國文每週授課 19 節</u>計算。
末欄則降低教師每週授課節數到：國小導師 20 節，非導師 22
節；國中非導師均為 18 節。（國中有自習課，且在學習節數內；
國小無自習課，且導師時間在學習節數外）

　　本表採<u>基準線</u>方式，以全國所有學校數據，建立基準線模
型，凡該縣市目前員額高於基準線者，不予員額補助，低於基
準線者，給予基準線至現有員額間之差額補助。

　　「課程輔導教師」，國小授課 12 節，國中授課 10 節負有
蒐集課程教材資料，策畫同儕進修之責任。配置方式國小為第
一期佔教學研究員額總數的 0.07，第二期調升 0.1；國中第一期
0.05，第二期調升為 0.1。皆避開 93 年教育預算下滑之問題。

2．學校組織再造方面：

　（1）調整重點：

　　　① 採總量管制，僅訂定學校處、組數量（含輔導單位）。

　　　② 四十九班以上之學校，得置副校長或秘書。

　　　③ 各組組長得由職員專任或總務處各組組長得由職員專任。

　　　④ 各處設置原則由直轄市及縣（市）政府定之，以應地
　　　　方需求。

　　　⑤ 學校各組之設置由學校報請主管教育行政機關核備。

（2）基本架構

組織架構			
國民小學	12 班以下	設三處、二組。	一、各校置校長一人，專任。 二、49 班以上之學校得置副校長一人，由教師兼任。 三、各處置主任一人，均由教師兼任。 四、甲案：各組組長得由職員專任或由教師兼任。 　　乙案：除總務處各組組長得由職員專任外，其餘各組組長均由教師兼任。 五、各處設置原則由直轄市及縣（市）政府定之。 六、各組之設置由學校報請主管教育行政機關核備。
	13 到 24 班	設三處、八組。	
	25 班以上	設三處、十三組。	
國民中學	6 班以下	設三處、二組。	一、各校置校長一人，專任。 二、49 班以上之學校得置副校長一人，由教師兼任 三、各處置主任一人，均由教師兼任。 四、甲案：各組組長得由職員專任或由教師兼任。 　　乙案：除總務處各組組長得由職員專任外，其餘各組組長均由教師兼任。 五、各處設置原則由直轄市及縣（市）政府訂定之。 六、各組之設置由學校報請主管教育行政機關核備。

基本架構圖（例）

① 學校行政組織以校長、校務會議、副校長、教學事務
　 處、學生事務處、行政事務處為架構。人事、會計等
　 另依法令規定辦理。

② 教學事務處視需要酌設學籍課務組、教學研發組等；
　 學生事務處酌設生活教育組、學生輔導組等；行政事
　 務處分一般行政組、資訊處理組。

③ 學校得在總員額編制內自行調整組數。

3・訂定「國民小學與國民中學行政組織及教職員編制基準」

附錄、修正草案總說明

（一）修正重點

1・名稱修正為「國民小學及國民中學班級編制與教職員員額
　 編制基準」，係基於中央與地方在「中小學編制及教職員
　 員額編制」上，合理權限之劃分及有效運用之最低標準，
　 故建議名稱更名為「基準」。

2・修正國小及國中每班班級學生數以三十五人為上限，以達
　 降低班級學生人數之教育改革目標。（修正草案第二條）

3・四十九班以上者，得增置副校長一名，以因應學校本位管理趨勢，因自主性增加所衍生的相關事項。（修正草案第三條第二款）

4・幹事：依班級數合理配置，以十二班為增置幹事之標準。（修正草案第三條第五款）

5・合理提高國小教師編制標準，並建立變動式教師編制，學校規模愈小，教師編制愈高以改善教師編制。（修正草案第四條）

6・增訂國小遴聘兼任、巡迴及共聘教師之規定，以解決各類科師資不足之問題，並減少專任教師之人事支出。（修正草案第六條）

7・本地方制度法之精神，僅訂定最低編制標準，授權直轄市及縣（市）政府視實際情形增加編制之規定。（修正草案第七條）

（二）修正條文對照表

修正名稱
國民小學與國民中學班級編制及教職員員額編制基準
修正條文
第一條　本基準依國民教育法第十二條規定訂定之。
第二條　國民小學及國民中學，每班學生人數不得超過三十五人。
第三條　國民小學及國民中學行政人員員額編制以學校規模為單位，採總量管制，其編制如下： 一、校長：每校置校長一人，專任。 二、副校長：四十九班以上者，得置副校長一人，由教師兼任。 三、主任：各處室及分校，置主任一人，均由教師兼任。 四、組長：各組置組長一人，除總務單位各組組長得由職員專任

	外，餘均由教師兼任。
	五、幹事：十二班以下者置兩人，十三班以上者，每增加十二班增置一人。
	六、人事及主計人員之設置，由人事及主計人員任用辦法辦理。
第四條	國民小學及國民中學教師員額依班級配置，其編制如下：
	一、國民中學：每班置教師二人，每九班得增置教師一人；全校未達九班者，得增置教師一人。
	二、國民小學：廿四班以下者，每班置教師一點八人；廿五班至四十八班，每班置教師一點七人；四十九班以上，每班置教師編制一點六人。
第五條	國民小學及國民中學得在教師編制總員額內遴聘兼任、巡迴教師，或由數校共聘教師；巡迴、共聘作業由該管主管教育行政機關協調學校辦理之。 　　前項各類教師之人數，不得超過各該校專任教師數六分之一。
第六條	國民小學及國民中學於報經主管教育行政機關核備後，得視學校規模、行政業務需要於總員額內自行調整教師及職員人數。
第七條	直轄市及縣（市）政府得視財政狀況及教育實際需要，參照本基準訂定增置員額規定。
第八條	本基準自發布日實施。

五、結語

　　積極建構國民中小學合理的組織與人力配置，期望就研擬之具體可行之短程及中長程目標積極規劃落實，不僅實現學校本位管理，教師專業條件提升與人力負荷現狀有效改善，亦能

充分維護學生之受教權益。

重點整理：國民中小學組織再造及人力規劃方案（草案）

（一）調整行政組織

　　1．調整重點：

　　　（1）訓導處改名為學務處。

　　　（2）採總量管制，僅訂定學校各組組數。

　　　（3）各組組長得由職員專任或總務處各組組長得由職員
　　　　　　專任。

　　　（4）各組設置原則由直轄市及縣（市）政府定之，以應地方
　　　　　　需求。

（二）減輕教師工作負荷及滿足教學與研究需求

（三）配合修正相關法令

（四）九十年度對各縣市員額補助原則：

224	D	教育部 88 年 12 月提出「國民中小學班級編制與教職員員額編制標準」修正草案，調降國中小學班級學生人數以多少人為原則　（A）20　（B）25　（C）30　（D）35。

拾肆、高中職社區化計畫（修正版）

高中職社區化中程計畫準備期第二年推動工作計畫

民國九十一年三月二十二日台（九一）技（一）字第九一
○三九五六○號令頒

一、目標

（一）實施各項試探性計畫，檢討實施成果，回饋訂定「高中
職社區化中程計畫」。

（二）規劃具體可行之高中職就學社區藍圖，做為九十二學年
度起「高中職社區化中程計畫」推動之單位。

（三）建立各種不同類型就學社區推動模式，以配合九十二學
年度起「高中職社區化中程計畫」之加速推動。

（四）規劃高中職社區化準備事項，落實同時九十二學年度起
「高中職社區化中程計畫」之實施。

二、策略

（一）主要策略─依推動方向實施各項專案計畫，引導主管教
育行政機關及學校推動之方向，並研訂「高中職社區化
中程計畫」（92.07～98.06），做為未來六年推動工作之具
體依據。

1・透過獎助私立學校及補助公立學校措施，促進高級中等學
校教育均衡發展，提升社區內後期中等教育之品質。

2・透過區域教育資源水平及及垂直整合，建構多元適性教育

系統，加速落實高中職社區化之目標。

3．透過就近入學獎學金，鼓勵優秀國中畢業生就近升讀高級中等學校。

（二）輔助策略—完成準備期的各項前置工作。

1．藉由客觀研究調查，及參考二年準備期實施結果，規劃全國就學社區藍圖。

2．透過實證研究，積極輔導各項社區化工作之推動，以建立各種社區化推動模式。

3．進行配套措施規劃，俾九十二學年度起順利推展高中職社區化工作。

三、工作重點

（一）落實高中職社區化各項獎補助計畫之執行

1．社區合作專案計畫：

　　計畫目標在均衡中等教育之地區資源差距，充分整合社區教育資源，以加速落實高中職社區化，九十一學年度依「教育部補助高級中等學校辦理社區合作專案實施要點」辦理。

2．獎助私立高級中等學校計畫：

　　計畫目標在提高私立高級中等學校之競爭力，並整合社區教育資源，以爭取社區認同及國中畢業生就讀意願，九十一學年度依「教育部獎助私立高級中等學校改善教學設施實施要點」辦理。

3．補助公立高級中等學校計畫：

　　計畫目標在鼓勵公立高級中等學校提高辦學績效，並整合社區教育資源，以全面提升中等教育品質，九十一學年度依「教育部補助公立高級中等學校改善教學設施實施要點」辦理。

4・核發就近入學獎學金計畫：

　　計畫目標在獎勵應屆優秀國中畢業生升學當地高中職，提昇學校學生素質，促進各地區高中職教育均衡發展，九十一學年度依「教育部獎勵優秀國中畢業生升學當地高級中等學校獎學金實施要點」辦理。

（二）規劃就學社區

　　委託研究專案檢討現行自然形成就學社區之問題，並就各地區中長期的需求、學校發展特色及後期中等教育資源分布情形等進行評析，規劃出具體可行之全國性就學社區藍圖，俾九十二學年度起據以落實推動社區化中程計劃。

（三）研議建立就學社區推動模式

　　就不同類型就學社區，遴選合作專案學校，委託進行實證研究，據以進一步修正現行推動做法，建立各種最有效推動模式，俾九十二學年度起配合就學社區藍圖加速推廣於全國實施。

（四）規劃推動配套措施

　　依高中職社區化推動政策目標，積極規劃推動下列事項：
1・研訂高中職社區化中程實施計畫
2・修正高中職及五專多元入學方案
3・擴大推動綜合高中各項措施
4・彙整高中職現階段相關問題並研提解決方案

四、推動組織及職掌

（一）教育部成立「高中職社區化指導委員會」，由部次長擔任召集人，置委員二十五人，由本部次長、相關業務單位司處長、學者專家、家長會、教師會、主管教育行政機關人員

及學校代表共同組成，指導委員會職責如下：

1・年度推動工作計劃之指導與確認
2・委員會分工及年度經費分配之決定
3・推動模式之指導與確認
4・相關配套措施之指導與確認

（二）指導委員會分「就學社區規劃小組」、「推動模式實證研究小組」、「社區化各項計畫督導小組」、「社區化配套措施規劃推動小組」四組，負責執行本方案四項重點工作。

（三）前述四個任務分組下由本部以委辦方式成立四個工作小組，每個工作小組置成員六人，分別協助執行各組事務性及支援性工作。

（四）本方案之推動單位為各主管教育行政機關，主管教育行政機關應設立計畫審查委員會，置委員十人至十五人，聘請教育行政人員、學者專家、高級中等學校校長、教師（會）代表、家長（會）代表及熱心教育人士組成，負責各項計畫之審查、監督、輔導與考核事宜。

（五）主管教育行政機關應依本方案之時程表，定期向本部「高中職社區化指導委員會」報告執行進度、問題及成效。

五、工作期程

（一）自民國九十一年二月至九十二年六月止。

（二）本計畫所屬各項推動之資本門經費，應於九十一年十二月底前執行完畢；經常門經費，分二階段辦理。九十一年度工作應於九十一年十二月底前執行完畢，九十二年度工作應於九十二年六月底前執行完畢。各項經費並應於規定時間內辦理核銷。

六、經費來源

（一）本年度四個工作小組委辦經費及「各主管教育行政機關宣導及推動工作經費」，由本部技職司相關經費下支應。

（二）本方案各項獎補助經費，整合本部技職司、中教司、中部辦公室（二、三科）相關經費共同推動。

七、督導考核

（一）獎補助各校應配合按時填報本部「高中職社區化推動方案進度列管表」、「高中職社區化推動方案成效指標檢核表」。

（二）各項獎補助應專款專用，不得移作他用，並應切實各要點之規定辦理，如查有不實者，獎補助款應予追繳，並依規定予以處分。

（三）主管教育行政機關應將獎補助計畫列入相關評鑑及督學視導項目，確實考核。

（四）本部為評估各校推動成效，得辦理專案訪視。

八、獎勵

（一）辦理績效優良單位，其相關人員由各主管教育行政機關按權責核予獎勵。

（二）各單位執行成果作為本部後續工作修正及經費補助參考。

九、宣導及推動工作

（一）各主管教育行政機關應評估所轄教育資源分布及地方需求訂定合作社區規劃原則，為落實推動本方案，必要時並應派員參與學校合作社區之協調過程。

（二）各主管教育行政機關應依規定辦理各項計畫審查工作，並

　　　積極輔導未達審查標準之學校規劃及辦理社區合作專案。

（三）各主管教育行政機關應辦理說明會、研習會及年度檢討會。

（四）本方案宣導及推動工作經費由教育部專款補助主管教育行
　　　政機關辦理。

（五）地方主管教育行政機關需將宣導及推動工作經費納入預算
　　　後，檢據並附上納入預算之證明（格式不拘）報部辦理撥款。

十、工作時程表（略）

十一、預期效益

（一）高中職社區化實施內涵之加深與社區化概念之推廣。

（二）研定公布「高中職社區化中程實施計畫」

（三）規劃公布全國就學社區藍圖。

（四）建立各種社區化推動模式。

（五）完成高中職社區化中程計畫之準備工作。

十二、本方案暨相關實施要點奉核後，自九十一學年度起
　　　實施。

重點整理：高中職社區化

　　「高中職社區化」是指教育部為均衡高中職發展、均衡現
存高中、高職的素質，並整合高中職資源，避免國中生僅以少
數學校為升學志願，使國中畢業生能就近升學高中、高職的一
種策略性規劃。近年來有人主張廢高職來救高職，有人主張以
綜合中學來替代高職，高職本身亦期望能成為社區學院。目的
在達成均衡高中職教育品質、學生適性學習以及就近入學，以
建構高中職「就學社區」的理想，並為十二年國教作準備。

　　民國八十八年，教育部技術及職業教育司著手規劃高中職社區化方案，並於九十學年度開始試辦。預計自九十二學年度起加速推動實施。並依據教育部民國九十一年修正發布的「高中職社區化推動方案」，教育部將訂定「高中職社區化中程計畫」，從民國九十二年至九十八年，透過獎補助學校、整合區域教育資源以及提供就近入學獎學金的策略，在為期六年的時間之內，加速推動此一方案。

拾伍、綠色學校計畫

<u>教育部 92 學年度補助地方政府辦理環境教育輔導小組計畫作業要點</u>
中華民國 92 年 5 月 30 日
教育部台 92 環字第 0920076583 號令發布

一、依據

（一）教育部（以下簡稱本部）中程施政計畫（民國 90-93 年）「建立永續發展的綠色學校」。

（二）「行政院國家永續發展委員會永續教育組」行動計畫表具體工作內容。

（三）九年一貫課程六大議題─環境教育。

二、目的

1．以各縣市教育主管單位為主體，結合相關團體建立伙伴關係網，辦理環境教育相關計畫，實現環境永續發展的教育目標。

2．以永續發展為核心概念，建立環境教育伙伴關係網，針對國民中小學課程，輔導中小學成為永續發展的綠色學校。

三、補助對象

各縣市教育局（含北、高兩市及金門縣、連江縣）

四、補助原則

（一）每一縣市限申請一計畫案。

（二）每計畫上限為新台幣肆拾萬元整。（如去年辦理成效優良，
　　　或所屬學校超過五百所的縣市，上限可提高至新台幣壹佰
　　　萬元整）請衡卓情況，詳實編列。

（三）申請單位依工作內容，撰寫計畫書申請。

五、工作內容

1・將環境教育議題整合入九年一貫教育中七大領域，在貴縣
　　成立「環境教育輔導團」。

2・成立及運作地方政府層級的環境教育事務推動小組與專家
　　技術顧問團。

3・辦理貴縣（市）所屬學校校園環境自評及訪視輔導工作。
　　請駐區督學辦理例行性訪視時，加強環境教育項目查核。

4・與貴縣（市）內師資培育機構及民間團體合辦環境教育
　　活動。

5・協助綠色學校中心辦公室辦理區域研討會，並在縣（市）
　　選擇至少 10 所學校（以九十一年十二月底前已加入「綠色
　　學校」，並有六片葉子以上的學校優先選擇，如縣（市）
　　符合以上資格的學校未達十所，則次優先選擇推動環境教
　　育成效良好，具有輔導其他學校能力的學校），負責帶領
　　綠色學校推動計畫。這 10 所學校必需負責輔導鄰近至少
　　四所學校成為綠色學校，並且形成綠色學校伙伴聯盟，協
　　助教育局推動環境教育，達成分工合作、資源分享的伙伴。

6・辦理「永續教育工作坊」，由貴縣現有的綠色學校為中心，
　　結合地方資源（師資培育機構、民間團體、社區），以推

廣永續發展的環境教育，協助推動及宣導中央及相關部會的政策（如永續發展、非核家園、節水、節能、節電、生物多樣性……等等議題）。辦理至少一次校長、督學與行政主管研習會議，研討永續發展、環境教育、綠色學校理念及推動實務。

六、申請作業

（一）申請期間：

　　　　九十二年6月10日至7月7日下午五點前截止收件（請郵寄至本部環保小組，100 台北市忠孝東路一段 172 號 3 樓），以收件時為準，非以郵戳為憑，逾時送（寄）達、資料不全或資格不符者均不予受理。

（二）申請機關應參照五、工作內容及本身條件，依「計畫書內容」（附件一）所規定格式詳實填寫，於截止時間前提出申請。

（三）計畫書表格詳見附件一

七、審查作業

（一）本部成立專案審查小組，就各申請計畫案予以審查，俟核定後通知執行機關。

（二）審查原則：是否符合本計畫目標及工作內容；計畫本身優良與否；計畫內容是否具備完善伙伴關係、組織及人力，並有配合款者（相關佐證資料請併附於計畫書中俾便審核）；及以往執行成果。

（三）各項計畫書應符合本計畫目標及計畫重點。（計畫內容有不足或未達評審標準者得不予補助）。

八、經費請撥與核銷

（一）本計畫經費採代收代付方式，依據中央對直轄市及縣（市）
　　　政府補助辦法第十七條之一規定辦理，經本（九十二）年
　　　五月十二日台會（四）字第 0920064221 號函報院核定。

（二）本計畫請於九十三年七月三十一日前（發文起算一年）執
　　　行完畢，並於執行完畢後一個月內核銷結案，如有餘款者
　　　應予繳回，並均需於成果報告中檢附收支明細報告表備查。

（三）經費請撥、支用、核銷結報請依「教育部補助及委辦經費
　　　核撥結報作業要點」規定辦理。可至本部會計處網站（http：
　　　//www.edu.tw/accounting/inde.htm），點選「國立單位法令規
　　　章」中「本部經費相關法令規章」。

九、補助成效考核

（一）核准補助之各執行機關應於執行期限內完成計畫，並於計
　　　畫結束前一個月提送成果報告，並參與本部辦理的成果發
　　　表會，發表貴單位執行成果。

（二）評分標準及獎勵：本部得就各計畫之執行成果進行評比，
　　　評分標準包括參與推動綠色學校或環境教育計畫的積極
　　　性，並於過程中了解並符合綠色學校推動的精神。評比分
　　　為教育局及受推薦學校兩部分。凡評比成效優良者將函請
　　　各該直轄市及各縣市政府依權責辦理敘獎。

　　　（1）教育局組：

　　　　　① 推行本計畫之執行成效〈30%〉（包含：是否依計畫
　　　　　　　執行、執行成果、書面資料）

　　　　　② 環境教育輔導團運作〈30%〉（包含：輔導團之組織
　　　　　　　與建立、輔導團之運作、輔導團工作之成效）

③ 推動綠色學校之成效〈30%〉（包含：推動綠色學校之做法、綠色學校之數量、綠色學校的表現與內涵）

④ 其他特殊之環境教育作為〈10%〉

（2）學校組：

① 綠色學校四個面向的努力（50%）：提出學校在四個面向（生活、空間、教學、政策）的環境教育及環境管理的自評結果，並說明如何就這四個面向中的項目，進行改善，其改善的結果及心得，並提出相關的資料佐證。

② 學校環境教育的特色（30%）：舉出學校環境教育的特色一至三項，說明其推動的過程、結果、心得，並提出相關的資料佐證。

③ 綠色學校網站上希望樹的葉片數（10%）

④ 回答審查者問題的表現（10%）

（三）前項報告及評比列為各執行機關申請後續計畫之參考。

（四）本部必要時得於計畫辦理期間辦理相關訪視活動或辦理委外評鑑計畫，接受補助機關應給予協助。

十、注意事項

（一）經核准補助完成之各項報告等著作，本部得依著作權法第十二條第三項規定利用該著作。受補助單位同意本部於該著作之著作財產權存續期間內，得授權他人有在任何地點、任何時間內以任何方式利用著作之權利。受補助單位不得撤銷此項授權，且本部不須因此支付任何費用。受補助單位並承諾對本部不行使著作人格權，又經核准補助完成之各項報告等著作如有第三人完成之部分者，本部授權受補助單位代理本部與第三人簽訂上述有關本部享有著作

使用權等之相關契約。

（二）執行單位計畫內相關活動公告、活動資訊需主動放入本部
　　　環境教育資訊網（http：//eeweb.gcc.ntu.edu.tw）及綠色學校
　　　伙伴網（http：//www.greenschool.org.tw）。

（三）經費編列原則：依「教育部補助及委辦經費核撥結報作業
　　　要點」規定辦理。可於本部會計處網站（http：
　　　//www.edu.tw/accounting/inde.htm）中，點選「國立單位法
　　　令規章」中「本部經費相關法令規章」。要點之內容摘錄一：
　　　受本部補助之機關學校人員不得支給經費項目（如兼職酬
　　　金、加班費、稿費等）及不予經費補助項目（如場地費）。

十一、參考資料及網站

（一）環境教育

1・台灣綠色學校伙伴網路（http：//www.greenschool.org.tw）

2・「九年一貫課程融入環境教育之綱要規劃與教學模組」，
　　置於環教資訊網（http：//eeweb.gcc.ntu.edu.tw/）「教師補
　　給站」，點選「最新教案特展」。
　　（http：//eeweb.gcc.ntu.edu.tw/teach/9-en/9-en.html）

3・加強學校環境教育三年實施計畫
　　（http://www.epa.gov.tw/education/加強學校環境教育三年
　　實施計畫.doc）

（二）永續發展

1・行政院國家永續發展資訊網（http://ww2.epa.gov.tw/nsdn/）

2・「大專環境與永續發展通識教育課程發展與教學計畫」
　　（http：//www.giee.ntnu.edu.tw/allnew-sus/inde.php3）。

（三）節約能源

1・經濟部能源委員會（http：//www.moeaec.gov.tw）

2・中技社節能技術發展中心（http：//www.ctcietsc.org.tw/）

（四）節約用水

1・水資源局（經濟部水利署 http：//www.wrb.gov.tw）

2・節約用水資訊網

（http：//wcis.erl.itri.org.tw/chinese/chinese.html）

3・技術資詢－節約用水服務團

（http：//wcis.erl.itri.org.tw/service/member.htm）

（五）生物多樣性

1・台灣生物多樣性網站（http：//taibnet.sinica.edu.tw/）

2・生物多樣性公約

（http：//wagner.zo.ntu.edu.tw/preserve/law/international/biodiv/）

（六）綠色消費：「綠色採購」

（http：//www.greenmark.org.tw/Purchase/inde.htm）

重點整理：綠色學校

（一）意義

1．綠色學校是一所重視環境保護的學校，亦是一個推行全校參與環境教育的校本計劃。在管理上，綠色學校注重環境保護，於既有的環保活動及設施之外，添置更多有關環境教育的資源，配合學科課程和課外活動，以及安排學生作交流分享等活動，藉此培養學生的公民意識。教師可以掌握環保知識，而且又能得到更多教學資源，以改善教學技巧及提升教育素質。

2．綠色學校即是學校將生態思維融入學校，強調「生態思維、人性關懷、伙伴關係、行動學習、資源交流」。包括著整個學校組織的文化及氣氛改變得更民主，鼓勵師生自發主動的發起環境改善的行動，而非只是課程上傳遞環境的知識。

（二）緣起

1．綠色化風潮在地球高峰會議以來，企業團體訂定環境管理系統，應用綠色規劃、綠色生產、綠色設計、產品回收、環境稽核等。而綠色社區、綠色學校、綠色家庭，是在生活場域以生態思考的呈現。英國的生態學校計劃，當中有政策、校園、教學、生活面向。

2．綠色學校的發起是從民國八十七年開始的，當時省環保處給台灣師大環教所經費要求設計可供學生動手操作的教學活動。

（三）內涵

1．綠色學校設立的目的是讓學校從空間面的綠化、生物多樣化，生活上減少對環境的衝擊，在教學上提升學生的環境倫理與智能，在制度面建立綠色化政策，為的是透過師生

的參與，減少對地球的衝擊。深化之目的在重塑同學內在的心靈情意，再者就是通過活動的實踐與對大自然的接觸，正確地認識人（自己）、自然和社會三者的關係。

2・綠色學校在近幾年內開始推動，不但放入生態的思維在當中，更著力在學校的四個面向。

（1）校園生活：順應自然的生活方式，師生力行簡樸生活，參與改善環境的行動、校園的成員要養成負責任的環保行為。如綠色消費、省能源、省資源、避免污染，並與人及環境和諧相處。

（2）空間規劃：學校的空間規劃、建築及環境管理等必須符合環境保護及教育的要求，鼓勵師生參與建築設施的規劃的工作，以符合生活機能，達到省能源、省資源、乾淨寧適的目標，營造校園生物多樣性、教材化、並與社區文化和自然環境融合。

（3）環境教學：充分利用校園環境作為教學的場域，推動戶外教學，在環境中教學。學校老師自己規劃設計、發展且適用於該地特色或問題的環教教材、課程與計畫。如：鄉土與戶外教育，及社區與學校教學步道；教導環境知識並融入九年一貫教學，研發綠色課程；為進行環境議題行動研究或環境主題活動。

（4）環境政策：鼓勵師生、家長參與環保的行動組織，透過定期進行校園環境調查，共同制定改善學校環境的政策，成立推動環保的行動小組，校長與領導者願意承諾執行，並且定期辦理環境稽核，並明列學校面臨的問題及改善行動計畫時程的環境白皮書。

3・作法：

（1）綠色學校計畫實施過程，以行動研究的精神在執行。

透過學校進行自評，然後按照依其自決迫切且可解決的環境問題，規劃並執行，再反思改進。然推動過程本身沒有時間限制，透過自訂標準、自訂時程，與自我比較而逐步發展出「綠色學校」。

（2）這樣的趨勢反應在這些年來推動「學校本位」課程，期盼學校展現出「主體性」，透過「學校本位課程」強調依據學生的程度、社區的特色，自訂及設計自己的課程。

4・八種不同的學習方式：

（1）參與式學習：鼓勵學生積極參與制定學習目標、投入教學活動以及自我評估成績，以幫助學生提高思考能力。

（2）合作式學習：學生透過互助來達致學習目標，這種方式可以強化學生的溝通技巧和培養他們的責任感。

（3）調查式學習：教師通過探究和調查一些問題，鼓勵學生自己搜索、分析、解釋和評估資訊，誘發學生思考問題及自己尋找答案。

（4）解決問題式學習：以社區內的環境問題為例，培養學生關懷和改善環境的態度，幫助他們釐清自己的觀點，和探究其他不同的觀點。這種方法可使學生關心四周的環境和以行動改善環境。

（5）討論觀點與信念：老師可以透過圖片、真實模擬活動、遊戲、戲劇和媒體資訊來引發學生討論；並應鼓勵學生發表及接納不同意見，而不妄作任何價值判斷。

（6）親身經驗的重要性：學生的親身經歷對探究環境問題是十分重要的。老師應讓學生有機會親身接觸課室以外的環境，利用環境作為學習情境，使學生對環境產

生好奇心和學習興趣。

（7）連繫所屬社區：教師應鼓勵學生關心所屬社區的事務，例如參與「城市論壇」之類的活動，向規劃師、建築師、經濟學者、工業家、測量師或議員等發表意見。教師亦可鼓勵學生與所屬社區內的其他學校連繫，構成一個聯網，使學生有更多機會交流和討論社區事務，以及更有效地組織和參與社區活動。

（8）利用真實議題：青少年遇到真實的環境問題時，他們的學習興趣和學習動機都會大大提高，很容易便建立對環境的價值觀和態度。

5 · 須澄清幾個觀念：

（1）綠色學校不是校園的綠化而已。綠色學校是以一個願景引導串連、整合各項環保的工作及環境教育。

（2）綠色學校的推動是師生參與的，並且是民主參與式的，而非少數的某幾個人進行，才能成為永續的綠色校園。

（3）綠色學校強調的是自動自發的精神，自定目標，評鑑自己，是一種行動研究。

6 · 九年一貫與綠色學校之關聯

（1）綠色學校提供相關議題進行跨領域的課程設計。

（2）綠色學校超越學校本位精神。

（3）綠色學校超越課程的統整。

（4）綠色學校夥伴網絡計畫：推動台灣綠色學校建立，藉由夥伴網路，將周遭的資源納入這個系統。參加的學校或老師可藉著電腦網路上網登錄，分享經驗並下載其中一份自評表，在自己學校進行體驗，根據調查結果進行改善。

（進階參考：王順美，民 89，可持續的綠色學校）

225	AC	學校中美化綠化的經費不能挪為電腦設備的經費，主要的原因為何？（A）會計制度的限制　（B）環保概念的重視　（C）經費項目編列與應用之規定　（D）校長行政裁量權之管轄範圍。（複選題）
226	A	教育部推動綠色學校政策的起點在於　（A）心靈環保　（B）圍牆綠化　（C）植物景觀　（D）環境融入。
227	4	下列哪一項非校園無障礙設施的重要原則？（1）標示　（2）方便　（3）可及　（4）造景
228	A	教育部推動綠色學校政策的起點在於　（A）心靈環保　（B）圍牆綠化　（C）植物景觀　（D）環境融入。
229	C	校園規劃最重要的原則是　（A）經濟原則　（B）美化原則　（C）安全原則　（D）發展原則。

拾陸、十二年國民教育：義務教育延伸

【十二年國教暨國教向下延伸 K 教育計畫專案】
民國九十二年四月十六日　教育部全球資訊網

一、前言

　　教育是促進社會進步的原動力。我國在過去五十年來所創造的經濟奇蹟與政治成就，教育的貢獻是最具關鍵性的影響因素之一。自世界銀行首次補助開發中國家的教育投資起，教育的擴展已成為開發中國家的重要政策。七〇年代起，延長國民教育年限，進一步促進教育機會均等，更成為各國教育改革的共同趨勢。

　　我國自民國五十七年實施九年國民教育後，迄今三十餘年來，國中生的升學競爭一直是最被關心的教育問題之一，目前國中畢業生升學高中、高職及五專之容量已逾百分之一百，近年來政府也一再推動多元入學、綜合高中、高中職社區化等教改方案，但是，國中學生之升學壓力未見減緩，國民教育向上延伸乃被視為亟需面對的問題。而幼兒階段教育是個體身心發展最具關鍵的階段，幼兒教育的重要性及國教向下延伸也是大眾關切的焦點。近年來，行政院教改會及民間教改團體，已紛紛將延伸國民基本教育年限，作為教育改革的訴求重點。從國外文獻觀之，世界各國大多有將國民教育年限適度延伸的趨勢，但這些不同國家對國民教育年限的延長，有採向上延伸至等同我國目前高三的第十二年，也有採向下延伸至幼稚園的作法。在我國目前有限的教育經費下，未來我國的國民基本教育

在向上及向下延伸方面，究竟應採何種方式辦理？是否仍應延續目前九年國教採行義務、免費之方式？如何符應國家經建發展的需求，及國人生涯發展之企盼，以因應廿一世紀的國際競爭，實具亟需審慎研議的課題。

二、十二年國教

（一）緣起及沿革

　　我國自民國三十二年實施六年國民義務教育，復於民國五十七年起實施九年國民教育以來，對國民素質之提高、國民經濟能力與競爭力之加強等，均產生了莫大的助益。惟隨著國民所得逐漸提高，國民升學後期中等教育的意願漸趨強烈，國中學生升學壓力沉重，國中教學受升學考試之導引而產生偏差，一直為各界所詬病。

　　近二十年來，為規劃延長國民教育年限，本部歷屆部長任內都曾有過積極研議規劃，其重要規劃內容及成果表列如下：

部長	任期	規劃時期	規劃內容	成果
朱匯森	67~73	72	規劃實施「延長以職業教育為主的國民教育」實施計畫	開辦延教班 充分提供國中畢業生升學機會
李　煥	73~76	75	規劃「實施延長以職業教育為主的國民教育」第二階段計畫	調整延教班辦理方式，為自願不升學國中畢業生開辦年段式課程 揭櫫為十二年國教做準備
毛高文	76~82	787879	規劃「延長以職業教育為	將延教班納入學制，

			主的國民教育」第三階段計畫 積極研議延長國民教育為十二年之可行性 規劃國中畢業生自願升學方案	改稱實用技能班 規劃原則：（1）自願入學（2）有選擇性（3）免學費 部分地區部分學生試辦國中畢業生自願升學方案
郭為藩	82~85	828383	規劃「發展與改進國中技藝教育方案——邁向十年國教目標」 規劃試辦完全中學 規劃試辦綜合高中	開辦國中技藝教育班以銜接實用技能班 修訂職業學校法，將實用技能班納入正式學制 83 學年部分地區開始試辦完全中學 85 學年開始試辦綜合高中
吳　京	85~87	86	擴大推動第十年技藝教育 修正「國民教育法」及「強迫入學條例」部分條文修正草案報院 規劃高職免試多元入學方案、高級中學多元入學方案	1. 高職自 89 學年起採免試登記入學 2. 高中、五專、高職自 90 學年起採多元入學方式
林清江	87~88	87	繼續推動高職免試多元入學方案、高級中學多元入學方案 繼續擴大辦理綜合高中 規劃辦理高中職校評鑑	配合免試多元入學方案，加強補助高中職校縮短學校間差距 開始加強辦理職校高中評鑑 87 年委託台師大心測中心進行國中基本學

				力測驗題庫研發
楊朝祥	88~89	88	公布教育基本法 繼續辦理高中職評鑑 規劃高中職社區化方案 規劃國中學生基本學力測驗 規劃三年內開始實施十二年國教	繼續委託台師大心測中心進行國中基本學力測驗題庫研發 組成「延長國民基本教育年限政策諮詢小組」、「延長國民基本教育年限規劃委員會」、「工作小組」及「研究小組」，積極規劃研擬推動十二年國教
曾志朗	89-91	90	積極推動高中職社區化方案 全面實施高級中學多元入學方案及高級職業學校多元入學方案 整合高中多元入學方案及高職多元入學方案為「高中及高職多元入學方案」 委託進行「延伸國民基本受教年限規劃研究」	訂定高中職社區化推動方案，以充實公私立高中職教學設備、鼓勵優秀國中生就近升學及課程區域合作。 以申請入學、甄選入學及登記分發入學方式，配合國民中學學生基本學力測驗及參採國中在校表現，全面取代傳統聯考。

（二）教育環境整備

　　近二十年來，國內外環境已有相當大的變遷，再加上前述歷任部長之規劃籌辦，國民教育向上延伸的客觀環境逐漸趨向成熟，惟究竟能否全面辦理？如何辦理？有待深入探討，謹分析如下：

1．法源依據：

　　為保障人民學習及受教育之權利，我國於民國八十八年六月二十三日公布教育基本法，其第十一條明定「國民基本教育應視社會發展需要延長其年限」。因此，延長國民教育年限已有基本法源。

2．教改共識：

　　本部為檢討教育改革實施成效，於九十年底辦理之二〇〇一年全國教育改革檢討與改進會議，其中有關「整備教育環境——體制改革」之重要結論之一即為「為使學生得以接受適性教育，並配合國家社會發展所需各類人才，應加強整合高中、高職，逐步調整高中、高職學生人數的比例；同時並加速推動高中職社區化方案，高級中等學校之設置應落實社區化原則，依區域性需要繼續增設，達到最適規模為止，並鼓勵國中畢業生就近入學社區內學校，以進而研議推動十二年國民教育之可行性」。因此，研議推動十二年國教的可行性，已是教改的共識。

3．高中職現況分析：

　　按我國學制，國民中學畢業可升學高級中學（含綜合高中）、職業學校及五專。因為生育率的降低，國內學齡人口數近年來快速下降。以國中應屆畢業學生人數統計，八十二學年度國中應屆畢業學生總數為 388,064 人，到八十九學年度已降至 302,767 人，不到十年間，國中畢業生人數減少近四分之一。依九十一學年度的統計資料顯示，其公私立高中、高職及五專學校數達 487 所，國中畢業生升學率已達同年齡層的 95.48%，國中畢業生就學機會率更達到 106.95%（不含進修學校），已達到普及化的程度（我國現行學制、國中畢業生升學率、就學機會率及畢業生人數請參閱圖一至四）。因此，延長十二年國教，若純就後期中等教育招生容量而言，已相當充足。

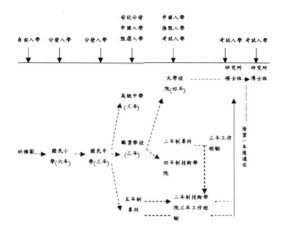

圖一：我國現行學制圖

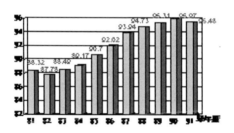

圖二：國中畢業生升學率

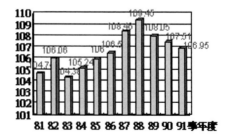

圖三：國中畢業學生就學機會率

計算公式：高中（職）（含補校、延教班）及五專一年級學生
／國中畢業生人數*100

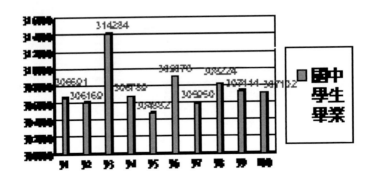

圖四：國中應屆畢業生人數預估圖

　　為因應學生就讀高中的期望，近年來積極調整高中、高職學生人數比例。全國高中學校數從八十五學年度 217 校，到九十一學年度為 302 校，增加 85 校，反之，全國高職學校數則從八十五學年度 204 校，減為九十一學年度之 170 校，減少了 34 校。但由於學生來源的減少，以九十學年度為例，高中職缺額比例已高達 25.46% ，在 333 所國立暨台灣省私立高中職學校中，招生在百人以下之學校便高達 25 所，招生不理想的學校中，尤以職業學校所受的衝擊最大。而高中校數及學生數因包含綜合高中及縣市增設完全中學而有逐年遞增之現象，而職業學校及五專則有逐年遞減之趨勢。有關高級中等學校之校數及學生數統計請參閱表一、圖五及圖六。

表一：九十一學年度後期中等學校統計表

學校別	高級中學		職業學校		專科	
類別	公立	私立	公立	私立	公立	私立
校數	166	136	95	75	3	12
學生數	253284	130225	143925	195702	39007	308147

註：高級中學部分含綜合高中

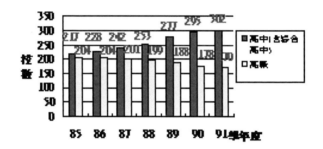

圖五：高級中等學校校數變化圖

4．國民所得與教育經費分析：

　　我國九十年經濟成長率雖首度出現負成長（-1.91），國民生產毛額（ＧＮＰ）平均每人為 12941 美元，亦較前一年減少 1247 美元，惟以教育經費編列與管理法第三條之規定，中央、直轄市及縣（市）政府應在國家財政能力範圍內，充實、保障並致力於全國教育經費之穩定成長。各級政府教育經費預算合計應不低於該年度預算籌編時之前三年度決算歲入淨額平均值之百分之二十一點五。九十二年度全國教育經費總計為新台幣 4127 億元，其中中央教育預算為 1928 億元，依上述教育經費編列與管理法之規定，教科文預算佔中央政府歲出比率自應在

該法規範下穩定成長。準此,推動十二年國教,可以有相當的
經費支應,惟離全面免費教育,則尚有大段距離。

表二:教育經費佔 GNP 比率及中央教科文支出占中央總歲出比率

會計年度	81	82	83	84	85	86	87	88	89	90
GNP%	6.75	6.98	6.80	6.57	6.72	6.61	6.29	6.31	5.50	5.89
占政府歲出%	17.86	18.43	18.58	19.36	19.50	18.91	18.54	18.80	18.00	18.04

表三:經濟成長率與每年國民所得

會計年度	82	83	84	85	86	87	88	89	90	91
經濟成長率%	7.01	7.11	6.42	6.10	6.68	4.57	5.42	5.86	-1.91	2.29
GNP 平均每人(美元)	10964	11806	12686	13260	13592	12360	13235	14188	12941	12756

5‧綜合高中、完全中學、多元入學方案及高中職社區化的推
　動:

　　本部自八十三年起,依據第七次全國教育會議的決議,開
始規劃試辦綜合高中,複依據行政院教改會的建議,全面擴大
辦理,目前(九十一學年度)已有 143 校辦理綜合高中,學生
數已達 90,059 人;另外,為解決非都會區高中分布不均及既有
國中容量過剩的問題,各地方政府陸續開辦完全中學,目前已
有 65 所,綜合高中及完全中學的擴大辦理,對於未來實施十二
年國教都有正面的助益。

　　本部業自八十七學年度起陸續推動高職多元入學方案、高

中多元入學方案、五專多元入學方案，並且自九十學年度起以國中基本學力測驗的成績做為申請入學、甄選入學的重要參考及登記分發的依據，傳統聯考已正式走入歷史。此一變革，將有利於未來實施十二年國教時，入學方式之調整。

除此之外，本部目前正積極推動高中職社區化政策，期望達到的目標為：整合社區學校資源、全面提昇中等教育品質、拉近公、私立高中、高職教學資源之差距、期使師資、教學設備、學生學雜費等項目達到均衡化，以及鼓勵學生就近入學等，皆是在為十二年國教之實施奠定良好的基礎。

（三）問題及研究

綜上所述，目前教育環境整備，已有相當的條件，但是後期中等教育多元發展，具有選擇性的功能，不似國民中小學教育單純，再加上公私立差距、城鄉差距、明星高中的存廢、高職的存廢、學區的劃分等諸多眾所關心的課題，國民教育向上延伸之問題甚為複雜，絕非當年延長九年國教可以比擬。因此，歷經二十年來多位部長之研議仍遲未定論。

目前，本部依據二〇〇一年全國教育改革檢討與改進會議之結論，積極規劃研議延長國民教育的可行性。主要分為下列四大議題，分別委請學者專家、教育行政及學校行政人員共同組成研究小組，積極進行研究，並經常召開聯席會議，以互相交換研究心得：

1・實施十二年國民教育理論基礎比較研究
2・推動十二年國民教育辦理模式之研究
3・十二年國民教育之教學資源及課程研究
4・十二年國民教育經費需求推估研究
※四大議題之研究情形分述如下：
1・實施十二年國民教育理論基礎比較研究：

　　何謂「國民教育」？其他還有一些相關而有待釐清的相關名詞，包括「基本教育」、「義務教育」、「強迫教育」、「免費教育」等，我國規劃實施「國民教育」的目的何在？是為了減緩國中學生的升學壓力，導引國中的正常教學？若如是，則規劃延長十二年國教是否一定需要義務、強迫、免費？另外既然稱為國民教育，則課程規劃是否僅以培育現代國民應具備之知能為目的？是否所有學生都要上同樣課程？高中職課程是否需要分化？學生是否需要分流？何時、如何分流？相關教育法規應如何配合修正？這些問題都有待從學理上深入探討。

表四　各 UNESCO 會員國國民義務教育基本年限

國家	基本年限	國家基本年限	國家	基本年限
加拿大	10	美國 10	中國大陸	9
以色列	11	日本 9	南韓	9
比利時	12	丹麥 9	法國	10
芬蘭	10	德國 12	匈牙利	10
紐西蘭	10	荷蘭 13	挪威	9
俄羅斯	9	西班牙 10	瑞典	9
瑞士	9	英國 11	澳大利亞	10

資料來源：UNESCO（1998）。

　　他山之石可以攻錯，世界其他主要國家，經建發展與我國相當的國家，其國民教育的實施情況，可為我國規劃之參考。根據聯合國教科文組織（1998）的統計資料顯示（參見表四），大多數國家的國民義務教育年限均在十年以上，例如加拿大、以色列、比利時、芬蘭、美國、德國、法國、西班牙、英國、澳洲等國均是，而荷蘭的國民義務教育年限為 13 年。而據了

解，美國各州情形也不太一樣，雖然大部分的州規定義務教育為十年，但也規定免費教育為十二年。

我國號稱國民年平均所得達 13,000 美元，已晉入世界已開發國家之林，但國民教育年限，雖不致於落後 UNESCO 會員國太多，但也僅達世界主要國家國民教育年限的最低水平而已，甚至也沒有超越中國大陸。衡酌世界主要國家實施現況可知，為提升國民素質及國家競爭力，並達到教育機會均等的理想與目標，我國實施十二年國教的問題，實應予嚴肅面對。　因此，本部委請淡江大學陳伯璋教授進行「實施十二年國民教育理論基礎比較研究」，其主要研究內涵包括：

（1）探索十二年國教實施的教育理論基礎

（2）比較世界主要國家實施延長國民教育制度現況。

（3）了解現行高中職多元入學方案及高中職社區化方案之實施成效。

（4）對目前高中職現況的分析。

（5）研議相關教育法規的研修。

2．推動十二年國民教育辦理模式之研究：

目前在後期中等教育階段之學校類型中，高中與高職的比例約為 64%：36%，而公立與私立比約為 55%：45%。其次，由於學校在城鄉的分布並不均勻，且各地區普通高中與職業學校及課程之設置亦有落差；公私立學校的師資設備有明顯的差距，學生所能享受的資源也很懸殊。

從世界主要國家高中高職教育的發展方向來看，大致可歸納為：綜合高中的普遍設立，高中教育兼顧學術預備、普通教育、職業教育之功能，高中入學制度有採選擇制，也有採學區入學制，另世界主要國家高中高職課程，大多非常注重外國語教學，又基於教育機會均等原則，各國的中等教育學制大多朝

單軌制發展。

　　另外，也應考量高中職階段學生之性向問題，高中職階段學生之性向可分為已定及未定兩類，而性向已定者又可分為學術導向及就業導向，目前青少年由於成熟環境的差異，性向未定層正有擴大情形，故高中功能之定位應能提供性向未定者之就學，並應提供適切之輔導進路。

　　因此，未來我國如要延長國民教育，究應如何辦理較為適當？以學校類型而言，高中、職比例應如何調整？是否以綜合高中為主？完全中學的定位為何？五專是否繼續存在？高職是否需調整為地區技術教育中心或技術高中？另外，包括學區如何劃分？明星高中如何定位？入學方式如何調整？是否還需要國中基本學力測驗？如何輔導國中學生選擇適當的後期中等教育？若實施十二年國教，高中職是否歸屬於地方政府管轄較合適？這些都是有待深入探討的課題。因此，本部委請台灣師大楊思偉教授主持「推動十二年國民教育辦理模式之研究」，其主要研究內涵包括：

（1）探討十二年國民教育可行的實施模式。

（2）探討十二年國民教育之學校型態應如何？是否以綜合高中為主要學制？

（3）釐清明星高中之定位。

（4）探討學區劃分方式。

（5）探討入學方式。

（6）探討高中職之行政歸屬關係。

（7）探討若繼續保留現有各種學制，於各校相對差異短時間不易拉齊之狀況下，如何輔導學生選擇適合學制就讀。

（8）探討學生進路輔導之辦理方式。

3．十二年國民教育之教學資源及課程研究：

　　實施十二年國民教育所面臨的問題相當廣泛而複雜，包括：制度層面、教學資源與課程層面以及財政層面…等問題，這些都是影響十二年國民教育是否可行的重要關鍵。以教學資源與課程層面為例，公私立學校與城鄉間的差異，使得教育政策面臨著師資人力結構調整、師資培育及進修的辦理、公私立學校資源分配、課程銜接與科別調整…等問題。

　　目前中等教育階段之師資來源，自八十三年師資培育開放多元化以來，其數量已不虞匱乏，且素質亦因有充分而多樣的選擇而有相對地提升。然而，若實施十二年國教，目前高中職之師資人力結構及素質是否足堪因應？有無調整之必要及如何調整？未來師資培育及教師進修應如何配合？

　　長期以來，公私立學校教育資源差距嚴重，私立學校收費為公立學校之二至三倍，而公立學校學生所能享用的教育資源卻遠大於私立學校，如何拉近此一差距是延長十二年國教至為重要的課題。

　　至於城鄉差距，都會區與非都會區的學校，其師資、設備各方面其實差距都不大，都會區的學校所以成為明星學校，主要原因在於優秀學生的集中。但是由於既往高中職大多設校都會區，相較之下，非都會區的就學機會率明顯偏低。在總招生容量已明顯超額的情形下，如何拉近城鄉之間的就學機會率，也是不易克服的難題。

　　另一個重要的問題則是普通高中、職業學校與綜合高中三種主要高級中等學校型態的課程統整問題，由於高級中等學校教育的普及化，使得「釐清高級中等教育學生必須具備的『通識素養』，培養共同的知識與能力。」成為「二○○一年教育改革之檢討與改進會議」有關改進教育內容的結論與建議事項

之一。因此，統整此三類型學校之核心課程，期能以適當的內容啟發學生多元學習的意願，以為終身學習的基礎，並延續普通高中課程修訂延後分化之精神，建構高中職學生共同基礎能力指標，俾使中等教育因應快速變遷的未來社會為本部目前積極研議辦理的重要施政工作之一。尤其是國中小採行九年一貫課程之後，未來若實施十二年國教，後期中等教育課程如何銜接？甚至五專、高職類科，綜合高中學程如何調整及設置？實有必要深入研議。

因此，本部委請台北市立師範學院吳清山教授主持「十二年國民教育之教學資源及課程研究」，其研究範圍包含：

（1）提出師資人力結構調整計劃

（2）提出師資培育及教師進修的辦理方式

（3）提出拉近公、私立高中職學校教學資源差距之整合方案。

（4）提出課程銜接計劃。

（5）合理的科別設計。

4．十二年國民教育經費需求推估：

探討十二年國教時，「所需經費龐大」一直是大家關注的焦點，但是，延長國教到底需要多少教育經費，則需視辦理的模式而定，如果只有補助目前公私立學雜費的差額，所需增加的教育經費大約只要一個年級 30 億，三個年級不到 100 億，相對的，如果所有公私立學校，都要享受同等待遇，且學生完全免費，則根據彰化師大郭秋勳教授的研究，「以每生每年單位成本 129,878 元估算，乘以國中畢業生每年 30 萬人，則每年政府必須編列 380 億元的國民教育經費。如果擬一次就向上延三年，則未來三年就必須增列 1,140 億元的國民教育預算。」。

因此，有關十二年國教所需經費，需要詳加研究精算；除此之外，目前公私立的師資設備差距較大，如何予以彌補？明

星高中是否自由收費，政府不必予以補助？私立學校如果加入
十二年國教，如何收費？是否發教育券？如果高中職劃歸地方
政府，經費如何分攤？財政收支劃分是否需配合調整？這些問
題都有待深入探討。因此本部委請高雄師範大學蔡培村教授主
持「十二年國民教育經費需求推估研究」，其研究範圍包含：
分析現行高級中等教育財政狀況與相關問題，提供規劃十二年國
教政策時之參考。

　　預測十二年國教政策實施之所需要之經費，其中又分成不
同的經費分攤方式，可以使政府依據財政狀況選擇最適合之方
式實施之。

分析將來在不同時程之下的實施，必須逐年分攤之經費數目。各
種不同的組合數據可以供政府決策時之選擇參考。

　　以上四項研究計畫，其實是統整在「規劃十二年國民教育
實施方案工作計畫」之下的四項分支計畫，由於四項研究彼此
之間關係密切，因此，需經常召開聯席會議，彼此交換研究成
果。目前各研究計畫均已廣泛邀集相關領域學者專家及學校人
員共同參與，積極蒐集相關文獻，進行相關調查研究，預計六
月中旬提出期中報告後，將分區舉辦公聽會，聽取各方建言，
規劃成果將於九月份召開之全國性教育會議中提出，經各界詳
加討論並確立方向後，將作進一步之規劃。

三、國教向下延伸（K 教育）

（一）背景與緣起

　　幼兒階段是個體一生中身心發展最重要的階段，是學習的
關鍵期，也是最具可塑性的。現今在營養、醫療、物質等外在
環境條件的進步與提升下，幼兒身心發展的成熟度也比過去的

發展加速與提前。因此，相對來說，五歲幼兒的智力發展與學習能力也都已符合接受教育的適切性與必要性。

　　有鑑於此，大部分先進國家隨其社會進步和教育的發展，義務教育範圍與對象，均有逐漸延長與擴大之趨勢。依據我國教育基本法第十一條規定：「國民基本教育應視社會發展需要延長其年限」，實即為延長教育年限預留前瞻性的發展方向與規劃空間。

　　五歲幼兒納入國民教育體制係「二○○一年教育改革檢討會議」結論建議事項『幼稚教育之體制應為正規教育之一環』，本部爰將「五歲幼兒納入國民教育體制」初步以國民教育向下延伸一年為規劃，冀向下紮根，建立幼兒教育體制。所稱之「K教育」係參考美國學制「K-12」年級，並配合幼托整合規劃之初步共識暫訂，內涵為滿五足歲至入國民小學前該年齡層之幼兒教育，本部將對其所需師資、課程、設備等作整體規劃與建置，至其名稱將就我國國情及民意另行擇定。

（二）目標與效益

　　幼兒教育不僅是個體終身學習的重要關鍵，亦是一切教育的根基。因此政策之規劃與落實，勢需考量社會的發展趨勢，衡酌民意的依歸，並以追求高品質的幼兒教育為鵠的，重視家長教育選擇權，以漸進朝向免學費但非義務、非強迫的方式，建立適性且優質的普及幼教體制，爰將五歲幼兒納入國民教育體制考量，特研議相關規劃，據以逐步推動。其政策目標及效益評估包括：

　　國民教育體制向下延伸一年，促進教育機會均等。

　　建立幼兒教育制度，讓五歲至六歲幼兒享有同樣品質的教育環境。

基於現今學制尚未改變，為未來義務教育向下紮根奠定基礎。

（三）實施方向及時程

1・目前推動方向：

　　本部與內政部為研議幼托整合，共組「幼托整合推動委員會」研議規劃，除確立整合原則與方向外，目前初步原則共識：五至六歲幼兒劃歸國民教育體制，由本部就細部研議處理，納入國民教育向下延伸一年之規劃研議。

　　本部業完成全國各縣市公私立幼稚園區位分布及幼兒人口數等供需情形數據分析。

　　委託辦理「五歲幼兒基本能力指標之建構」、「幼稚園成本分析」等專案研究，以為國民教育向下延伸之規劃參考基礎。

　　配合幼托整合方向，研擬相關法規之修正，如幼稚教育法及國民教育法，以確立幼兒教育之定位與屬性。

2・後續規劃方向：

　　在幼托整合方向及政策確認之基礎下，著手進行修法工作，預計從體制、政府資源、師資、教學環境、設備基準等逐一完備，以提供幼兒優質之教學品質，並穩定教師工作環境。

3・相關措施：

　　（1）規劃發放「教育券」：為期推動向下延伸，促進教育資源使用之合理效益，以現行之幼兒教育券為擴大基礎，就五歲至六歲未滿之幼兒，全面予以補助學費，並分別以公私立學費，訂定適當補助比例。

　　（2）提升並強化教師素質：推展教師進修、進階及回流制度。

　　研定充實幼稚園設備之規劃與原則，逐步改善並提升環境設備等條件。

4・推動時程：

(1) 九十三學年度：為均衡離島地區之發展，試辦地區除原訂金門縣、連江縣、澎湖縣等三縣外，離島之蘭嶼鄉、綠島鄉、琉球鄉等三鄉亦納入試辦規劃。

(2) 九十四學年度：考量優先扶植原住民地區，以原住民五十四鄉鎮市區予以優先辦理後。

(3) 九十五學年度　視前兩年試辦經驗及政府財政進一步推動全面實施。

（四）經費評估

1・九十三學年度試辦預估：

(1) 學費：公立每學期補助五千元（全學年一萬元，約六百六十萬元）；私立：每學期補助一萬元（全學年二萬元，約一千三百五十萬元）；合計約二千萬元。

(2) 教學設備費：每園二十萬元，目前計四十八園，合計約九百六十萬元。

2・九十四學年度試辦預估：

(1) 學費：公立每學期補助五千元（全學年一萬元，約四千三百八十萬元）；私立：每學期補助一萬元（全學年二萬元，約一億三千一百四十萬元）；合計約一億七千五百餘萬元。

(2) 教學設備費：每園二十萬元，目前計一六六園，合計約三千三百二十萬元。

3・九十五學年度初步預估（以三十萬幼兒計）：

(1) 學費：公立每學期補助五千元（全學年一萬元，約十二億元）；私立：每學期補助一萬元（全學年二萬元，約三十六億元）；共計約四十八億萬元（現行幼兒教

育券經費編列計十九億：本部十億，內政部九億）。

（2）教學設備費：每園二十萬元，目前計三、二七一園，
計約六億五千萬元。

（五）階段性目標管理

1・研議規劃具體措施：成立「國民教育向下延伸規劃工作小
組」，結合產官學界共同研議。

2・落實地方政府權責：邀集試辦地區縣市政府研商，就中央
與地方行政資源與人力協調因應措施。

3・強化宣導政策方向：幼稚園納入正規教育之第一步，應以
納入教育體系為首要（如高中、技職及大學教育，雖非義
務教育，仍屬正規教育之一環），以釐清向下延伸之紮根
教育與提早入學之概念，宣導其普及、均等、漸進免學費
等特色，凝聚社會大眾共識。

4・研議延伸規劃後之課程銜接：現行「幼稚園課程標準」依
幼兒發展與幼稚園特色，已具統整、多元與融合的觀點內
涵。然鑑於社會快速轉變，具前瞻性與卓越基礎的課程發
展勢須配合有利趨勢有所調整；因此，如何建構以幼兒學
習為本位的課程內涵，以適合並滿足幼兒的身心發展是幼
稚園課程發展的趨勢與重點。擬以現行「幼稚園課程標準」
為基本架構，在既有之課程基礎及功能上，檢視其應增、
應減、應刪、應調整之處，研訂「幼稚園課程綱要」，俾
適當銜接國民小學課程。

5・建立五歲幼兒基本能力指標：以幼兒之發展與關鍵能力，
建立我國五歲幼兒之能力指標，冀回歸至幼兒發展本位為
規劃面向，使相關教育目標符應幼兒實際需求。

四、結語

　　綜上所述，延長國民教育所需克服的問題，錯綜複雜。但是，國際競爭日趨擴大，國內產業型態大幅轉型，國人對升學需求的殷切期盼，都是必須嚴肅面對的課題。就延長十二年國教而言，除增進國民基本能力，充分發揮潛能；減輕學生升學壓力，促進教學正常化；落實學校社區化，促進教育機會均等外，更重要的是藉由全民素質的提升以全面改善全民生活品質，增進國家競爭力。我國業於自去（九十一）年一月加入WTO組織，如何強化國民之基本素質，促進科技產業升級，邁入知識經濟的新時代，俾與國際比較並作契合之接軌，實為刻不容緩之重要工作。

　　國民教育向下延伸一年的政策，係建構五歲幼兒的延伸性品質，在目標上，應慮及幼兒核心價值與典範的塑建；在概念上，應突破生態環境的困境，朝向未來公民素質奠基的方式規劃；在策略上，呼應公私共存共榮的發展，籌措並挹注適當的資源；並考量非義務化、非強迫性的民主機制，重視家長教育選擇權，與社區資源共享的前景下，俾能建立適性且優質的體制；並檢視當前幼兒教育的現況與缺失，進行體制內的調整與充實，在普及的條件下，再求精質。新世紀的幼兒教育，將是全面普及的社區化教育，也是精緻豐富的生活化教育。建立幼兒教育體制，不僅提升幼教品質，也為未來幼兒教育義務化奠定基礎。

　　值此二十一世紀關鍵時刻，面對先進國家所展現之超強競爭力，為國家永續發展，規劃實施十二年國教暨向下延伸一年之任務雖屬艱鉅，但配合國家總體建設，符膺國際潮流之發展趨勢，設定目標擬定策略及完備之配套措施，循序漸進，落實成果可以預期。

230	2	幼稚園與托兒所整合為「幼兒園」的政策計畫將幾歲之幼兒納入國民教育正規體制①4 歲②5 歲③6 歲④3 歲。
231	1	「國民教育幼兒班實施計畫」受到幼教人的普遍關注，關於教育部對是項政策的規劃，下述何者為「非」？ （1）現行規劃中，係以公立國小附設幼稚園優先承辦國民教育幼兒班；（2）九十三學年度第一階段，由離島三縣（連江、澎湖、金門）三鄉（蘭嶼、綠島、琉球）先行辦理；（3）九十五學年度全面實施的部分需視國家整體財源狀況而定；（4）係依「2001 全國教育改善檢討會議」及「2003 全國教育發展會議」結論建議事項所規劃。
232	1	當前的「國民教育幼兒班」方案預定在（民國）哪一學年度在離島地區實施？(1) 93 學年度　(2) 94 學年度　(3) 95 學年度　(4) 未定
233	B	下列何者是幼稚園的地方主管機關？（A）縣市社會局　（B）縣市教育局　（C）省社會處（D）中央內政部。
234	B	教育部推展國教向下延伸至五歲，預計金馬地區從民國幾年開始試辦？（A）民國 92 年（B）民國 93 年（C）民國 94 年（D）民國 95 年
235	C	目前各縣市補助每位就讀私立幼稚園的五歲幼兒，每學期可得多少金額補助？（A）一萬　（B）六千　（C）五千　（D）七千　新台幣
236	AB C	有關國民教育向下延伸一年的政策，下列敘述何項正確？（A）九十三學年度先在金、馬、澎湖等離島實施　（B）提供對象是五足歲的幼兒（C）採免費或補助方式實施（D）採強制入學。（複選題）
237	AB	教育部宣佈自九十四學年度起全面實施「K 教育」，請問以下有

	D	關「K教育」的陳述，哪些是對的？ （A）「K」是 kindergarten 的簡稱 （B）免試入學 （C）義務教育 （D）師資需大學畢業且修畢幼稚教育師資學程。（複選題）
238	B	教育部推展國教向下延伸至五歲，預計金馬地區從民國幾年開始試辦？（A）民國92年（B）民國93年（C）民國94年（D）民國95年
239	2	高中多元入學方案的主要精神除多元智慧與多元選擇外，尚包括何者？（1）多元文化 （2）多元特色 （3）多元評量 （4）多元經費
240	D	後期中等教育學制上有綜合高中之設置，此學制之主要目的是（A）讓國高中同學同學在一起可相互學習（B）讓學生可加深加廣學習（C）設計國高中一貫之課程供學生學習（D）延緩分化，並提供學術與職業導向學程供學生學習。
241	1	在「高中及高職多元入學方案的規劃精神」中「藉由多元入學方案，促使國中教學正常化，發展學生多元性向」主要是強調：（1）多元智慧 （2）多元選擇 （3）多元特色 （4）多元考試。
242	3	以下哪一項中等教育政策業已開始正式實施？（1）十二年國民教育（2）國民中學各學習領域科目等值（3）高中職社區化（4）國民教育階段家長參與學校事務權。
243	A	教育部近年來積極推動「高中職社區化」方案，下列有關此方案哪一項敘述是正確的？（A）該方案被視為未來推動十二年國教的基礎 （B）鼓勵所有高中與社區國中合併為完全中學 （C）鼓勵各地明星高中聯合舉行全國性考試，以招收優秀學生 （D）高中職「社區化」意義同於高中職「學區化」。
244	C	目前我國教育部正規劃推動的學校社區化，主要是針對哪一個

		層級的學校：（A）國小 （B）國中 （C）高中、高職 （D）大學校院。
245	B	下列何者不是綜合中學的特色？ A.課程繁多 B.目標一元化 C.選課自由 D.普通科與職業類科並立
246	A	下列有關高級中等學校的敘述何者正確？ （A）普通高中學生比例逐年提高、高職學生比例逐年減少 （B）綜合高中包含國中、高中，提供六年一貫的教育 （C）完全高中包括學術與職業性向課程，協助學生試探分化 （D）高職將於兩年內停辦，轉型為技術學院。
247	A	下列何者不是教育部近來推動的與高中有關的教育改革政策？ A.恢復大學聯考 B.大學入學多元化 C.高中邁向社區化 D.規劃十二年國教
248	3	以下哪一項中等教育政策業已開始正式實施？（1）十二年國民教育（2）國民中學各學習領域科科等值（3）高中職社區化（4）國民教育階段家長參與學校事務權。
249	ABC	目前國中升高中職多元入學管道，包括：（A）甄選入學 （B）申請入學 （C）登記分發入學 （D）聯合考試入學。（複選題）
250	AB	多元入學管道基本理念與做法為：A. 充分考慮學生性向、能力與興趣，透過適當方式進入適合校系而適性發展 B. 甄試方式由紙筆智育測驗趨向多樣評量及重視長期表現 C. 高中教學的首要任務為針對各大學各系的入學標準，積極輔導學生爭取入學機會 D. 大學入學考試中心將努力研發一年舉辦一次的各科學力測驗，以滿足大學特色的建立，高中課程多樣化及學生不同需求。（複選題）
251	ABC	近來多元入學方案引發各界爭議，主管教育行政當局提出「改良式多元入學方案」，請問其未來改進方向為何？ （A）入學方

		案簡單化　(B)招生公平化　(C)選才多元化　(D)在校成績採計標準化（複選題）
252	BC D	近來教育當局積極推動高中與大學多元入學方案，這兩個方案的共同點為：(A)考招合一　(B)學校與學生雙向選擇　(C)第一階段考試主要在測驗學生的基礎能力　(D)鼓勵各校發展特色（複選題）

填充題：

253	申請／推甄	台灣目前的高中多元入學方案，包含哪三種入學管道：登記分發、【　】和【　】。
254	甄選入學／申請入學	「高中及高職多元入學方案」所規劃的入學方式有：□□□□、□□□□、及登記分發入學等三種。

是非題：

255	○	政府正積極的籌畫將國民教育向下延伸一年，幼兒在大班的年齡可以獲得政府更多的照顧與補助。
256	○	多元入學方案旨在以抒解學生升學壓力、導正學校的教學、鼓勵各校發展特色及有效結合社區資源並啟發學生的多元智慧。

簡答題：

教育部所提出的「高中及高職多元入學方案」之規劃精神為何？

國家圖書館出版品預行編目資料

教師甄試：教育政策關鍵報告 / 陳瑄著. - -
一版. - - 臺北市：秀威資訊科技, 2006 [民
95]
面； 公分. - -（社會科學；PF0018）

ISBN 978-986-7080-51-6（平裝）

1. 教育 – 政策 2. 九年一貫課程

526.19   95009315

 社會科學類　PF0018

教師甄試——教育政策關鍵報告

作　者 / 陳瑄
發 行 人 / 宋政坤
執行編輯 / 林世玲
圖文排版 / 郭雅雯
封面設計 / 羅季芬
數位轉譯 / 徐真玉　沈裕閔
圖書銷售 / 林怡君
網路服務 / 徐國晉
出版印製 / 秀威資訊科技股份有限公司
　　　　　台北市內湖區瑞光路 583 巷 25 號 1 樓
　　　　　電話：02-2657-9211　　　傳真：02-2657-9106
　　　　　E-mail：service@showwe.com.tw
經 銷 商 / 紅螞蟻圖書有限公司
　　　　　台北市內湖區舊宗路二段 121 巷 28、32 號 4 樓
　　　　　電話：02-2795-3656　　　傳真：02-2795-4100
　　　　　http://www.e-redant.com

2006 年 7 月 BOD 再刷
定價：310 元

讀　者　回　函　卡

感謝您購買本書，為提升服務品質，煩請填寫以下問卷，收到您的寶貴意見後，我們會仔細收藏記錄並回贈紀念品，謝謝！

1.您購買的書名：_____

2.您從何得知本書的消息？

　　□網路書店　　□部落格　　□資料庫搜尋　　□書訊　　□電子報　　□書店

　　□平面媒體　　□ 朋友推薦　　□網站推薦　　□其他_____

3.您對本書的評價：(請填代號　1.非常滿意 2.滿意 3.尚可 4.再改進)

　　封面設計____　版面編排____　　內容____　　文/譯筆____　　價格____

4.讀完書後您覺得：

　　□很有收獲　　□有收獲　　□收獲不多　　□沒收獲

5.您會推薦本書給朋友嗎？

　　□會　□不會，為什麼？_____

6.其他寶貴的意見：_____

_____

_____

_____

讀者基本資料

姓名：_____　年齡：_____　性別：□女 □男

聯絡電話：_____　E-mail：_____

地址：_____

學歷：□高中(含)以下　　□高中　　□專科學校　　□大學

　　　□研究所(含)以上 □其他_____

職業：□製造業 □金融業 □資訊業 □軍警 □傳播業 □自由業

　　　□服務業 □公務員 □教職　□學生 □其他_____

To：114

台北市內湖區瑞光路 583 巷 25 號 1 樓

秀威資訊科技股份有限公司　　　收

寄件人姓名：

寄件人地址：□□□

(請沿線對摺寄回,謝謝!)

秀威與 BOD

BOD（Books On Demand）是數位出版的大趨勢，秀威資訊率先運用 POD 數位印刷設備來生產書籍，並提供作者全程數位出版服務，致使書籍產銷零庫存，知識傳承不絕版，目前已開闢以下書系：

一、BOD 學術著作—專業論述的閱讀延伸
二、BOD 個人著作—分享生命的心路歷程
三、BOD 旅遊著作—個人深度旅遊文學創作
四、BOD 大陸學者—大陸專業學者學術出版
五、POD 獨家經銷—數位產製的代發行書籍

BOD 秀威網路書店：www.showwe.com.tw
政府出版品網路書店：www.govbooks.com.tw

永不絕版的故事‧自己寫‧永不休止的音符‧自己唱